创业管理系列

商业模式
资源整合与协同创新

何姜林 姜昊林 郑世林 李奕徐◎著

图书在版编目（CIP）数据

商业模式：资源整合与协同创新 / 何姜林等著．
—北京：企业管理出版社，2024.4
ISBN 978-7-5164-3044-6

Ⅰ.①商… Ⅱ.①何… Ⅲ.①企业管理—商业模式—研究 Ⅳ.①F270

中国国家版本馆CIP数据核字（2024）第054689号

书　　名：	商业模式：资源整合与协同创新
书　　号：	ISBN 978-7-5164-3044-6
作　　者：	何姜林　姜昊林　郑世林　李奕徐
责任编辑：	张　羿
出版发行：	企业管理出版社
经　　销：	新华书店
地　　址：	北京市海淀区紫竹院南路17号　　邮　编：100048
网　　址：	www.emph.cn　　电子信箱：504881396@qq.com
电　　话：	编辑部（010）68456991　　发行部（010）68701816
印　　刷：	北京虎彩文化传播有限公司
版　　次：	2024年4月第1版
印　　次：	2024年4月第1次印刷
开　　本：	710mm×1000mm　1/16
印　　张：	15.5
字　　数：	210千字
定　　价：	78.00元

版权所有　翻印必究·印装错误　负责调换

前　言

近年来，我国新型研发机构发展迅猛，正逐步成为我国发展科技战略力量的重要阵地。新型研发机构是一种集科技创新与产业化为一体的多元化所有制形式的创新力量，引领着科技前沿，由创新驱动，以产业化发展和支撑引领新兴产业为目标。其投资主体是多元化的，一般为"民办民营公助"，技术发明由科学发现牵引。

广东省科技厅在 2015 年的时候提出：新型研发机构是一种新型法人组织，以多主体投资、多样化模式组建、企业化机制运作，将市场需求作为导向，主要从事研发及相关活动。在我国，新型研发机构还属于相对新兴的机构，但对创新层面的重视使其成为我国深入实施创新驱动发展战略的重要载体。此外，新型研发机构在提升我国创新体系整体效能上还可以起到关键的驱动作用。研究影响新型研发机构发展的因素可从内外两方面剖析，外界因素如政府扶持，内部因素如新型研发机构的资源整合能力，以及贯穿新型研发机构内外部的协同效应也是值得研究的影响新型研发机构发展的一个重要因素。

当下，全球已进入以人工智能、量子信息、5G/6G、大数据、物联网、区块链、新材料、清洁能源以及生物技术等引领的第四次工业革命。世界主要发达国家纷纷加强布局，以抢占发展先机。激活创新活力、发展国家经济成为目前国家发展的重要任务。因此，新型研发机构进行商业模式创新有一定的必要性。从内外部因素思考，外部因素政府扶持与内部因素资源整合对商业模式创新有什么影响，以及新型研发机构未来的发展趋势如何，这些问题都亟待回答。

本书以新型研发机构为研究对象，通过分析企业在发展中所面临的内外部环境问题，剖析对新型研发机构商业模式创新有较大影响的两个因素，即政府扶持和资源整合，同时考察了协同创新作为中介在其中产生的影响。本书研究通过扎根理论、实证分析和案例佐证探讨了政府扶持、资源整合、协同创新和商业模式创新之间的关系，在理论意义上可以为相关人员推动建设发展我国的新型研发机构提供一定的理论指导，在现实意义上则可以为我国建设发展现有的新型研发机构开拓思路，更好地推动新型研发机构的高质量发展。

在扎根理论分析中，本书通过访谈等方式获取初始数据并对其进行编码，然后对编码进行汇总分析，探讨新型研发机构商业模式创新的影响机理。

通过文献梳理，本书进一步明确了变量间的作用机理，并确定研究框架。在进行实证研究之前，明确了实证研究所用的方法，对问卷的问题进行设计及修改，确定相应的题项及数据收集和分析方法。在得到数据之后，采用 SPSS 软件分别对数据进行信度与效度分析、描述性统计分析、相关性分析、回归分析与假设检验，为了确保实证结果的准确性，还进行了稳健性检验。最后，通过一系列的数据运算过程分析得出检验结果，并对检验结果进行讨论。实证结果表明：政府扶持中的政策支持和财政扶持对新型研发机构商业模式创新具有显著的正向影响；资源整合中的资源管理和整合绩效对新型研发机构商业模式创新具有显著的正向影响；协同创新起到部分中介的作用，即加强协同创新条件下，政府扶持、资源整合两个变量分别对新型研发机构的商业模式创新产生了显著的正向影响。

在案例佐证环节，本书选择了3家案例研究院，分别是肇庆市华师大光电产业研究院、清远高新华园科技协同创新研究院与广东华中科技大学工业技术研究院。按照企业现状、假设验证及效果分析的次序对研究院进行案例分析，其中企业现状的描述是从政府扶持、资源整合、协同创新及商业模式创新4个方面展开的。之后，又对3家研究院从变量层面、成果层面及潜力层面进行比较分析。

通过扎根理论分析、实证分析和案例佐证，本书得出如下结论。

（1）政府扶持促进商业模式创新；

（2）资源整合有助于强化商业模式创新；

（3）政府扶持有助于企业进行有效的协同创新；

（4）资源整合助力协同创新的升级；

（5）协同创新为商业模式创新开辟道路；

（6）协同创新促进政府扶持改进商业模式创新；

（7）协同创新助力资源整合推动商业模式创新。

由此得出三点建议。

（1）充分利用政府扶持，巩固运营基础；

（2）精准投放资源，提高资源整合效率；

（3）发挥协同效应，推动商业模式创新。

最后，基于实际从调查研究、理论分析、变量选取3个方面提出研究的局限性，从协同创新和商业模式创新之间的关系研究、调查问卷和理论分析、变量选取和研究工具3个方面提出未来展望。

目 录

第一章 绪 论

第一节 研究背景 / 004

第二节 研究问题 / 012

第三节 研究目的 / 015

第四节 研究意义 / 016

第五节 研究方法 / 017

第六节 关键概念界定 / 022

第七节 结构框架 / 024

第八节 研究创新点 / 027

第九节 本章小结 / 028

第二章　理论基础与文献综述

第一节　理论基础　/　032

第二节　政府扶持相关研究　/　037

第三节　资源整合相关研究　/　042

第四节　协同创新相关研究　/　045

第五节　商业模式创新相关研究　/　050

第六节　本章小结　/　058

第三章　扎根理论分析

第一节　案例研究方法　/　063

第二节　案例研究步骤　/　064

第三节　研究设计　/　066

第四节　样本机构介绍　/　068

第五节　资料分析与编码　/　071

第六节　新型研发机构商业模式创新影响机理　/　083

第七节　本章小结　/　084

第四章　变量间的作用机理

第一节　政府扶持与商业模式创新的关系探讨　/　089

第二节　资源整合与商业模式创新的关系探讨　/　091

第三节　政府扶持与协同创新的关系探讨　/　092

第四节　资源整合与协同创新的关系探讨 / 093

第五节　协同创新与商业模式创新的关系探讨 / 094

第六节　协同创新的中介作用探讨 / 095

第七节　研究框架 / 097

第八节　本章小结 / 098

第五章　实证研究的方法论

第一节　问卷设计 / 103

第二节　测度变量 / 105

第三节　数据收集 / 108

第四节　分析方法 / 109

第五节　本章小结 / 111

第六章　实证分析

第一节　描述性统计分析 / 116

第二节　信度与效度分析 / 123

第三节　变量的相关性分析 / 133

第四节　回归分析与假设检验 / 135

第五节　稳健性检验 / 144

第六节　检验结果分析与讨论 / 149

第七节　本章小结 / 152

第七章　案例佐证

第一节　肇庆市华师大光电产业研究院　/　157

第二节　清远高新华园科技协同创新研究院　/　166

第三节　广东华中科技大学工业技术研究院　/　175

第四节　案例比较　/　184

第五节　本章小结　/　188

第八章　结论与建议

第一节　主要研究结论　/　193

第二节　实践启示　/　196

第三节　研究的局限性和未来研究展望　/　200

参考文献　/　203

附录一　问　卷　/　229

附录二　访谈大纲　/　235

第一章

绪 论

第一章 绪 论

新型研发机构的建设,是实现创新驱动发展和培育战略性新兴产业的迫切需要,也是顺应历史发展和时代要求的必然选择。21世纪以来,我国经济发展迅速,各行各业发展受到多重因素影响,在这样的背景下,新型研发机构在我国开始不断涌现。归根结底,研究新型研发机构的发展问题就是研究新型研发机构的创新问题,因此,研究新型研发机构的商业模式创新非常有必要。围绕新型研发机构的商业模式创新,本书延伸出政府扶持、资源整合以及协同创新等范畴,研究三者与商业模式创新的关系,以期为建设新型研发机构提供更好的规划思路。

本章先对研究背景进行说明,进而指出本书的研究问题与研究目的,阐明研究意义,明确研究方法。为更好地进行研究,本书对研究涉及的一些关键概念如知识协同等进行了释义的阐明,此外还明确了本书的结构框架及创新点。

本书使用文献研究法,通过分析文献,大致划定研究范围。在调查及查阅资料的过程中,选定3个较具典型性的新型研发机构进行案例分析,通过分析发现政府扶持、资源整合、协同创新以及商业模式创新之间的大致关系,而后通过实证分析进一步用数据验证政府扶持与商业模式创新、资源整合与商业模式创新、协同创新与商业模式创新、协同创新在政府扶持与商业模式创新以及资源整合与商业模式创新之间的关系。

政策的落实,需要各方的配合。为加大建设新型研发机构的力度,各有关部门已经先后开展了相关的基础工作,对多批次新型研发机构进行试点培育。目前,可用于开展新型研发机构试点工作的方式包括组织专家评审、省市推荐审定等，同时也要充分利用相关资源，如获得海内外科技人才以及创新科技资源，进而发挥新型研发机构试点的作用，让新型研发机构得到快速的成长。本书关于新型研发机构商业模式创新的研究，一方面能为新型研发机构规划发展提供崭新的思路，另一方面也为国家经济注入新活力打下基础。

第一节　研究背景

新型研发机构最早起源于20世纪90年代，其兴起能够有效地促进产业链、创新链深度融合，一体化的配置更能促进高水平成果的产生、转化、应用，从而培育孵化科技型企业。在强调技术创新的时代背景下，新型研发机构一度成为政府、企业及各社会单位关注的重点。

一、现实背景

企业对技术创新的需求日益提升以及产学研协同体系的不断深化，推动了科技创新体制机制的优化和升级。目前，我国提倡以创新驱动发展，在这样的背景下，以创新的形式激发科研院所活力，有效协同体制内的资源，与市场进行有效结合，成为当下的大趋势。新型研发机构将在这个过程中起到关键的融合和承接作用。

1. 政府加大扶持力度

新型研发机构的出现，最早是一种市场化尝试，其目的在于促进科技成果的转化。1996 年，原国家教育委员会提出，由高校牵头建设一批可以发挥明显社会效益和经济效益的新型研发机构。1999 年，《中共中央 国务院关于加强技术创新，发展高科技，实现产业化的决定》（中发 [1999]14 号）提出针对应用型科研机构以及设计单位实行企业化转制，这为新型研发机构的发展提供了政策条件。2005 年，中共中央办公厅、国务院办公厅印发的《深化科技体制改革实施方案》中提出推动并且发展新型研发机构，从而形成跨行业、跨区域的服务和研发网络。同年，中共中央办公厅和国务院办公厅联合发文提出推动新型研发机构建设，加大先进技术和高层次人才引进力度。2016 年，中共中央、国务院印发的《国家创新驱动发展纲要》中提出新型研发机构要面向市场。一方面，涌现新型研发机构是政府为了聚集人才，逐步推动"产学研用"深度融合的一种政策引领，另一方面，涌现新型研发机构是传统科研机构对体制边界的突破以及实现发展转型的一种内在需求。客观地说，新型研发机构的出现是当下企业长远发展和产业不断升级换代的需要，也是为各类人才自我发展、建功立业构筑的新平台。

进入 21 世纪以来的 20 多年间，新型研发机构发展态势迅猛。就其发展初期而言，政府推动起着不可小觑的作用。为发展新型研发机构，各地方政府相继出台多个相关政策文件。2021 年召开的中央人才工作会议特别强调要集中资源重点支持新型研发机构的建设，将新型研发机构定位为国际化的科技创新平台和人才发展平台，赋予其集聚高端人才、自主培养人才、塑造人才发展新格局的重大使命。据统计，我国新型研发机构注册资本均值为 5844.35 万元，中位数为 1000 万元。其中，有约 1216 家新型研发机构注册资本在 1000 万元及以上，占比 56.82%。新型研发机构注册资本规模分布情况，如图 1–1 所示。

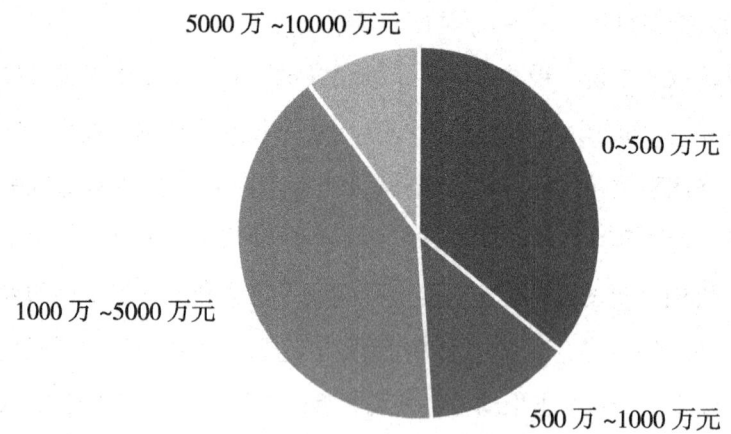

图 1-1 新型研发机构注册资本规模分布情况

与此同时,为建设以及发展新型研发机构,包括广东、江苏、陕西等地的各地政府纷纷出台相关政策。

广东省科技厅设立了相关的专项资金,专门用于新型研发机构,金额为每年1.5亿元。创办不超过5年的新型研发机构,更是有机会得到一次性500万元的建设经费支持。除了在建设方面予以支持外,广东省科技厅还在新型研发机构的日常运营中给予资金支持,例如研发经费支出补助、科研仪器设备补助以及企业创办补助等。不仅仅是广东省科技厅对新型研发机构予以支持,广东省内包括广州市、珠海市、中山市等在内的各地市也设立了专项资金。广州市安排了2亿元/年的经费在机构建设上;惠州市对于新型研发机构的财政支持与省级荣誉挂钩,即凡获得省级新型研发机构称号的机构,都可以获得来自市财政的100万元奖励。各地政府或采用制定政策的方式或采用发放补助的方式支持新型研发机构的建设,这也表明目前国家对新型研发机构建设的重视。

江苏省颁布了多条关于新型研发机构的政策,例如鼓励国内外人才团队致力于建立具有一定专业性、开放性和公益性的新型研发机构,最高可给予1亿元的财政支持；对符合相关要求的开展研发创新活动的新型研发机构给予不超过20%的奖励。自2017年以来，江苏省进一步加大对新型研发机构的扶持力度，受到江苏省政府扶持的共建研发机构有20个，并充分利用资金带动资金，以1.72亿元带动投资超20亿元。其中，中国科学院生物化学与细胞生物学研究所苏州研究院投资超4.8亿元。目前，已有300多家新型研发机构被省政府列入统计范围，成为服务支撑区域创新发展的一支重要力量。

除广东、江苏以外，陕西、福建等省份或颁布政策或发放补助来支持新型研发机构的建设。各地政府对新型研发机构给予了不同程度的扶持，并且这种扶持力度还将逐步加大，这是我国实行创新发展战略的必然趋势。

2. 提高资源整合效率是必然举措

新型研发机构是近年来科研界的热词，它的特点在于多元化、现代化、市场化以及灵活化。其中，多元化所指的对象是投资主体，现代化所指的对象是管理制度，市场化所指的对象是运行机制，灵活化所指的对象是用人机制。新型研发机构成为继高校、科研院所、企业之后的第四支科技创新队伍。新型研发机构从优化科技资源配置，到促进科技成果转化，再到实现科技与经济融合，始终站在时代的潮头，创新活水不断奔涌。

新型研发机构具有形式多样、模式创新、多方共赢的特点。国内相关研究指出，新型研发机构按照法人属性的不同，可以分为企业类型、事业单位类型以及社会服务机构类型。科学技术部在2021年组织的统计调查数据显示，企业类型的新型研发机构在3种类型的新型研发机构中占比最大，如图1-2所示。

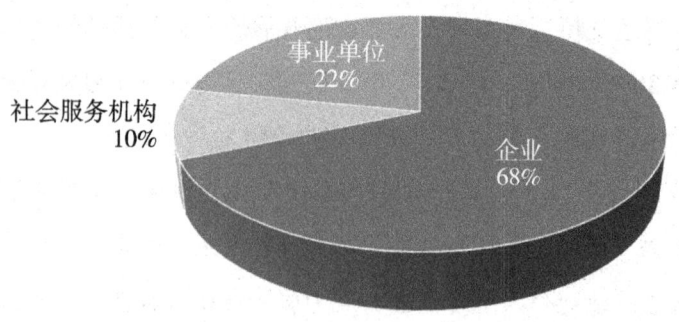

图1-2 新型研发机构法人类型构成情况

新型研发机构的组建形式多样化，多由政府、高校、企业、科研院所、资本方、技术团队等组织或个人以双方、三方或多方联合建立，政、企、研、资的共同参与，使得新型研发机构的发展趋于市场化，注重知识的产品化，加速了科技成果向市场化转化和应用的进程，实现了技术从实验室到产品应用端的高效对接。当前2140家新型研发机构的兴办建设，基本体现了地方政府、高校和科研院所、企业、社会服务机构、其他事业单位乃至个人的广泛参与，数据如图1-3所示。

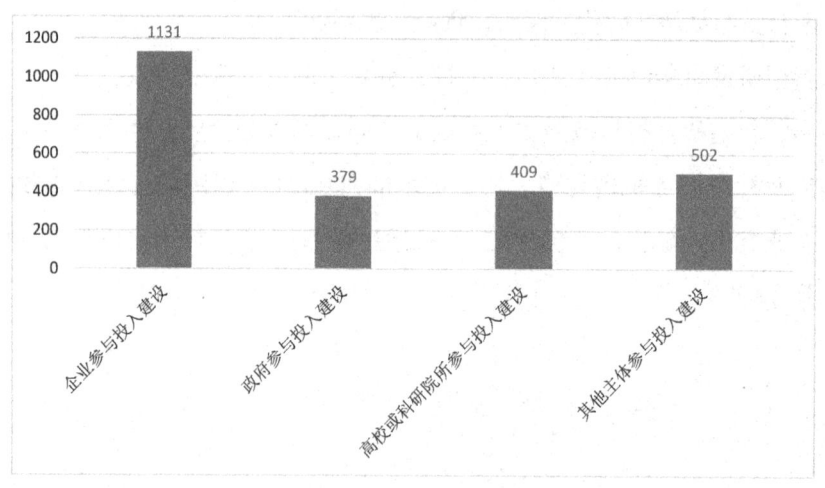

图1-3 新型研发机构投入主体的类型构成情况（单位：家）

据科学技术部数据显示，上报统计的新型研发机构基本都建有符合要求的理事会、董事会制度。其中，建有董事会制度的新型研发机构为1172家，占比54.77%；建有理事会制度的新型研发机构为722家，占比33.74%。

创新性地以行业龙头企业、优势企业作为投资承建主体，整合相关领域的高校、科研机构和企业创新资源，联合建设新型研发机构。例如，由企业牵头，整合高校资源，成立了山东省第一家民营技术研究院——山东共聚有机硅技术研究院（有限公司），依托研究院对有机硅技术相关课题进行研究，打开高附加值产品增长空间，增强有机硅终端产品的竞争力。

引导工程技术研究中心等开展体制机制和治理模式创新，引导研发能力强、成果产出丰硕的工程技术研究中心等各类创新平台以独立法人形式成立有限公司，开展技术成果的攻关、试验、转化、交易等，开展项目研发、成果转化和创新服务，全面提升了企业的研发能力和水平，增强了企业技术竞争力。

新型研发机构展示出来的最大特点在于，它主要关注产业价值链的首尾端，即产品的研发以及市场营销两个环节，中间的生产制造环节是委托外包的。新型研发机构的主要活动之一是研发，通过经营平台筹集足够的研发经费之后，再利用相关平台，就企业主营业务开展相关的研发活动，高度聚焦于特定科技领域。新型研发机构的研发活动要为机构带来切实利益，一般需要具备两个条件：第一是研发经费充足并可持续，保障研发活动可以顺利开展并持续下去；第二是拥有强大的研发团队，保障机构有创新的原动力，新型研发机构的研发活动一般可以为机构带来切实利益。新型研发机构本身是性质较为复合的组织，既可以说是企业，也可以说是研究机构，在新型研发机构身上，企业与研究机构之间的界限越来越模糊。

从一定程度上来说，企业竞争的本质就是企业资源整合能力的竞争，包括企业所拥有的各种平台，如生产平台、研发平台和市场平台，而只有集工厂、研发平台及企业为一体，才能运行一个完整的流程。

3. 协同创新是必经之路

科技及经济的发展促使世界进入全球化、网络化时代，使得现代企业多呈现企业集聚现象。集群分布是现在许多企业所表现出的创新行为在空间上的特征，从方式上也可以看出，分散企业的独立行为越来越倾向于企业的集聚。这一过程中的知识溢出会导致协同创新的出现（焦豪，2011）。协同创新活动中，各组织之间的竞争与合作会对知识溢出的效果和产生的创新绩效有所影响。相应地，利润来源也会有所演进，由单一的价值链演进到价值网。此外，出于利益分享的目的而形成的创新行为，是带有一定的风险性和不稳定性的。

本书以新型研发机构商业模式创新为研究中心，进一步探讨政府扶持、资源整合、协同创新与其之间的关系，在探讨各因素对新型研发机构的影响以外，为新型研发机构探索合适的商业模式、提升绩效提供理论以及实践上的参考。

二、理论背景

2000 年前后，人们对于商业模式逐渐形成共识，认为价值创造是商业模式概念的核心。其后许多企业不断创新商业模式，商业模式的创新逐渐在各企业中得到重视。许多因素会影响企业商业模式创新，具体分析时可以从内外两个方面着手。外部因素政府扶持以及内部因素资源整合都是影响商业模式创新的重要因素，许多学者都开展了相关研究。此外，协同创新一直是公司研究中的热点，学者们在许多行业及企业都进行了相关研究，它对商业模式创新的影响更是不容忽视。

1. 政府扶持

近年来，我国大力发展科技，对于中央和各级地方科研机构、企业有大幅度的投资，包括但不限于人才、知识等形式（何光辉，2012；李晨光、张永安，2013）。我国对科技的重视，决定了在新型研发机构的发展上会有相应的政府扶持。政府扶持其实是一个集合性总称，主要包括政府补助、税收优惠、政府采购以及一系列配套的环境政策，例如知识产权保护、科技项目规划等（赵岩，2018）。学者们对政府扶持的研究，可以追溯到公共管理时期。从公共行政学不同发展时期的特征，可以将其分为传统理论时期、行为学科时期以及系统理论时期。公共管理学科的出现在一定程度上满足了政府管理的需要，而对于政府扶持的研究也隶属于公共管理研究的一部分。

2. 资源整合

整合的概念最初表现为简单的"拼凑"，后来随着人们管理理念的进步，慢慢形成了愈发成熟的整合能力。自20世纪90年代以来，竞争的加剧使得各企业不得不根据外部环境不断重构其资源基础。企业的内外部资源要充分发挥其作用，企业必须致力发展自身的资源整合能力，并且在进行资源整合的同时，使企业的各种动态性能力得到提升（Wang和Ahmed，2007）。企业的各种动态性能力能够促进企业绩效的提高，促进企业的成长。

3. 协同创新

本书中的协同创新更多的是指产学研协同创新。产学研协同创新指的是，包括企业、大学、科研院所在内的三大基本主体将自身的优势资源投入其中，同时将自身的能力运用其中，在相关主体的协同支持下，共同进行技术开发的协同创新活动。协同创新一直是各行业及各公司重点研究的问题之一，如何更好地进行协同创新，是企业发展要思考的重中之重。

4. 商业模式创新

近年来，管理学者和企业家越来越关注商业模式创新（George和Chapman，2006；Zott和Amit，2010；Teece，2010）。然而，商业模式创新的概念一直颇受争议，在不同的学科背景下，学者以及企业家口中的商业模式创新的概念往往有差异。商业模式是一门融合了多种学科内容的学科，包括技术创新学、战略学、营销学等，最终形成一种管理学独立交叉学科（王雪冬、董大海，2012）。

第二节　研究问题

在当今快速发展的时代，创新能力成为许多企业发展必须具备的能力之一，它对新型研发机构的重要性更是不言而喻。新型研发机构要得到较好的发展，就必须考虑商业模式创新的问题。

从已有的实践和理论发展中可以了解到，当下政府扶持以及资源整合对于商业模式创新的影响机制是不够的，本书主要研究影响新型研发机构商业模式创新的相关因素，通过资料查阅以及调查，最终选择研究政府扶持以及资源整合对商业模式创新的影响，重点分析政府扶持如何对商业模式创新产生影响、资源整合如何对商业模式创新产生影响、政府扶持和资源整合如何通过中介变量协同创新对商业模式创新产生影响，主要的研究问题包括政府扶持如何影响新型研发机构的商业模式创新、资源整合如何影响新型研发机构的商业模式创新、协同创新如何影响新型研发机构的商业模式创新、协同创新是否在政府扶持对商业模式创新以及资源整合对商业模式创新的影响过程中有所作用。

结合新型研发机构的发展现状，本节剖析了其外部成因及内部条件，并基于分析提出了本书的研究问题。

目前，高质量发展是我国经济发展的趋势，创新成为建设现代化经济体系的战略支撑。近年来，新型研发机构作为推动科技创新、成果转化和政产学研深度融合的核心载体，在促进产业优化升级和经济发展中发挥了重要作用。在发展新型研发机构的过程中，存在着一些瓶颈和制约因素，亟须高度重视和切实解决，以满足我国从效率驱动向创新驱动转化和经济转型的客观要求。

新型研发机构是需要多元主体参与的组织，并且参与的多元主体之间有着一定的资源依赖关系。主体之间的合作是建立在资源需求之上的，合作的目的主要有两点，一是实现资源配置上的最优，二是使资源利用最大化。不同主体会在新型研发机构的不同发展周期发挥不同的作用，而在不同的时期被机构所重视的资源也有所不同，这就使得资源依赖和合作关系在不同的主体之间会有不同形式的呈现。在建设初期，政府所能采取的对机构有所帮助的措施包括制定制度以及投入公共财政经费，这些举措不仅有助于新型研发机构的迅速成立，还可以使其稳定度过建设期。对于进入稳定发展时期的机构，政府会慢慢地退出，这表现在由原本的"政府主导"转向"市场主导"。此外，高校所掌握的人才资源是研发和转化不可或缺的关键资源。企业的资源优势在于对市场的敏锐观察力以及所拥有的战略等优势资源，这些都是在产业化阶段不可或缺的。科技中介服务机构则扮演着提供各种服务的角色，包括信息、交易等多种服务。随着经济的发展，各行各业的竞争愈演愈烈，要在竞争中占据优势，新型研发机构就必须利用现有资源来不断增强自身的创新能力。新型研发机构不仅需要在产品上有所创新，还需要创新自身的商业模式。对新型研发机构来说，合适的商业模式是可以很好地促进其发展的，因此，许多新型研发机构都开始研究商业模式创新，以期在市场中享有优势。

新型研发机构兼具公共性和市场性。首先，新型研发机构的公共性体现在知识溢出和技术溢出等，这表明，新型研发机构的知识和技术是具有一定的共享性质的，行业之间或者是企业机构之间的交流，会使得知识和技术有所流动。其次，新型研发机构的市场性强调的是机构科技成果的转化以及产业化所带来的经济收益等，这表明，新型研发机构的研发成果最终要转化为可满足市场需求的产品或者服务，使新型研发机构得到一定的经济利益。

创新对新型研发机构来说，重要性不言而喻，只有做到不断创新，包括产品不断创新、模式不断创新，才能使管理效率不断提高，从内部不断提高新型研发机构的综合实力，使新型研发机构在市场上具有竞争实力。

新型研发机构作为科技创新的新载体，从地方到国家都对它给予了高度的关注和支持。由于其组建形式的多样性，投资主体的多元化，"政策+市场+技术+资本"的政、产、学、融多组织协同创新的体制和机制，因此呈现出趋向于市场化的运营模式，新型研发机构需要摸索在产品研发、技术服务、成果孵化、人才开发等领域构建具有自身特色的商业模式。鉴于当前对新型研发机构商业模式的研究成果十分有限，本书以新型研发机构这一类新型组织为研究对象，针对其组建形式的多样化，研究了不同主导类型的新型研发机构的政府扶持、资源整合、协同效应与商业模式创新之间的相互作用机理和影响机制，进一步丰富新型研发机构商业模式创新的理论，为该领域商业模式构建提供新的研究思路和方向。本书需要解决的问题如下。

（1）新型研发机构快速发展的驱动因素有哪些，呈现出怎样的发展趋势？

（2）不同类型的新型研发机构，政府扶持、资源整合和协同效应存在怎样的差异？

（3）新型研发机构如何从顶层设计上突破体制和机制限制，实现商业模式创新？

（4）新型研发机构如何实现资源整合，加速科技成果转化，实现持续自我造血的盈利模式？

（5）协同效应在新型研发机构政府扶持、资源整合和商业模式创新之间如何发挥中介作用？

第三节 研究目的

本研究的预期目的主要有以下5点。

第一，借鉴国际产学研合作及协同创新模式和经验，综合国内新型研发机构的研究成果，通过参阅和对比分析大量文献、理论与数据，对新型研发机构发展的驱动因素和发展趋势进行相关研究。

第二，基于利益相关者、产学研共生、产学研协同等理论基础，研究分析新型研发机构政府扶持的顶层设计与商业模式创新的相关性和制约因素，探寻破除组织壁垒的价值创造管理形态和商业模式。

第三，从资源整合理论研究新型研发机构如何整合内外部资源，在核心领域加速成果转化，实现自我造血能力提升，并通过定性和定量方法分析自变量资源整合与商业模式创新之间的相关性和作用方式。

第四，阐明协同效应在政府扶持、资源整合和商业模式创新之间起到中介作用。新型研发机构的参与方一般有三者以上，协同创新在自变量政府扶持、资源整合和因变量商业模式创新之间相互影响，发挥着重要的中介作用。

第五，结合案例研究，丰富商业模式创新、新型研发机构建设的理论，为新型研发机构商业模式选择提供建设性建议。

第四节　研究意义

本研究在理论层面和现实层面均具有重要的意义。从实际角度来看，有助于提高新型研发机构的创新能力以及促进其发展；从理论上来讲，有助于丰富商业模式创新、产学研协同创新、组织行为学等理论研究。

一、理论意义

新型研发机构作为既有共性又各具特色的创新组织（平台），其商业模式的相关理论研究尚不完善，也没有形成一定的体系，本研究在丰富和完善新型研发机构的商业模式理论方面具有一定的意义，同时还可以为我国新型研发机构建设工作的推进提供一定的理论支撑。此外，本研究还涉及政府扶持、资源整合与协同创新等因素，一方面可以丰富相关变量的研究，另一方面可以为各变量之间关系的研究做相应补充。

二、应用价值

本书通过研究政府扶持、资源整合、协同创新与商业模式创新的关系，总结得出创新新型研发机构商业模式的对策，对新型研发机构的构建和可持续发展都具有指导和借鉴意义，可以在一定程度上推动新型研发机构的高质量发展。

第一，本书对新型研发机构的政府扶持、资源整合进行研究，能够帮助机构更好地利用政府扶持，提高自身的资源利用效率，构建与时俱进的竞争优势，对新型研发机构突破自身局限、创新商业模式具有实际意义。

第二，本书对新型研发机构的协同创新进行研究，通过发现其与政府扶持、资源整合、商业模式创新三者之间的联系，对提高新型研发机构协同创新的效率具有启发意义。

第三，本书对商业模式创新的影响因素的研究，能够为新型研发机构在重塑、调整自身商业模式方面提供一定的借鉴。

第五节　研究方法

本书所使用的研究方法主要包括文献研究法、案例研究法、比较分析法以及定性分析与定量分析相结合的方法，各研究方法的灵活使用使得研究结论更具可靠性。

一、文献研究法

文献研究法主要是指通过搜集、识别以及整理的过程来研究相关文献，并通过这样的研究过程得到科学认识，一般包括5个基本环节，如图1-4所示。

图 1-4　文献研究法基本环节

文献研究法的应用首先需要研究者明确课题或者假设,而后根据需要对有关文献进行整理以及分析,必要时需要对相关文献进行归类分析。

文献研究法的优点主要有 5 点:第一,打破时空限制,可以调查古今中外各种文献;第二,可以避免口头调查的误差,相对口头调查而言更加准确;第三,可以避免因为主观反应而产生的误差,只调查和研究各种文献;第四,相对方便和自由,较少受外界制约,并且有及时弥补错误的机会;第五,相对其他研究法而言,可以节省一定的时间和费用。

根据文献类别的不同,研究者采用的搜集相关文献的渠道也有所不同。比如,相对稀缺的资料有可能无法通过网络方式获取,就需要设法从图书馆、档案馆以及博物馆等地获取相关资料。此外,科学及教育事业单位或机构、学术会议等也是研究者获得文献资料的渠道。渠道的选择取决于研究者所要搜集文献的类别及稀缺性。在手工检索时,可以用到的工具包括目录卡片、目录索引以及文摘等。参考文献查找方式又称追溯查找方式,适用于需要快速搜索到相关文献的研究者,同时,这种文献查找方式也可以保证文献的质量。具体操作方法是先找到一些相关的权威文献,然后根据这些文献的参考文献目录进一步搜索其他有代表性的文献,并从中筛选自己所需要的文献进行分析。

搜集文献时要注意文献内容的充实和丰富,并且应该有一定的指向性,也就是要先明确自己的研究目标或者课题假设。此外,文献的积累应该是全面的，这要求研究人员不仅要搜集课题所涉及的各个方面的文献，还要懂得从不同角度去思考同一问题。搜集文献不能带有片面性，不仅需要搜集观点相同的相关文献，也不能忽略不同观点甚至是相反观点的文献。特别需要研究者注意的是，不能有先入为主的观念，只关注与自己的观点或者假设相似的文献，而不自觉地忽视与自己意见相左的文献。

本书在研究过程中，通过检索有关纸质及电子资料梳理中外相关文章，以政府扶持、资源整合、协同创新及商业模式创新等为主题进行大范围的文献搜索，了解各变量的研究现状，明确相关理论的主要研究内容以及未来可能的研究方向，并对所收集的资料进行梳理，同时就各个学者所提出的不同观点进行分析研究。进而对新型研发机构政府扶持、资源整合对商业模式创新的影响机制等方面的研究方向、研究内容、研究进度等进行深入探讨，从而构建整体研究框架，为本书的深入研究打下坚实的基础。

二、案例研究法

案例研究法是一种实地调查的方法。研究者选取一个或若干现象作为目标，系统地收集信息与材料，展开广泛的调研，以探索某一现象在具体条件下的情况。可以在某一现象的具体条件界限不清楚又不易于识别，或是研究者没有提供正确、直接且有系统的研究方法的场合使用，解决"如何改变""为什么变成这样"及"结果如何"的关系问题，如图1-5所示。

案例研究法是具有特定逻辑的，需要研究者对特定的资料进行收集并分析。研究者可采用实地观察行为，也可通过研究文件来获取资料。此方法下的研究更多地偏向于定性，在资料收集和资料分析上具有特色，包括依赖多重证据来源，不同资料证据必须能在三角检验的方式下收敛，并得到相同结论。研究常常有事先开发的理论命题或问题定义，以引导资料收集的方式和材料分类的重点，并注重当时事物的检视，不参与事物的操控，因此能够保持生活事物的完整性,并发现有意义的特征。相较于其他的方式,可以对事件做出更厚实的描述与全面的认识,对动态的相互作用事件及其所处的社会环境脉络进行了解,达到一种比较全面和系统的认识。

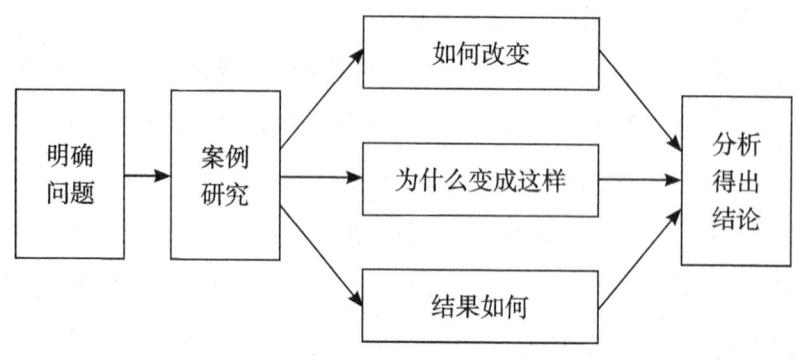

图1-5 案例研究法示意图

本书主要将案例研究法与扎根理论相结合,对精心选择的案例机构进行访谈,并将相关数据以编码的方式呈现出来,此外,在案例佐证中同样使用了案例研究法,对相关结论进行佐证。

三、比较分析法

比较分析法也称对比分析法。比较分析法的类型包括水平对比法、归纳对比法、优序对比法等。

1. 水平对比法

又称标杆法,是一种横向分析,其对比的对象是自身的竞争对手或者是行业内的翘楚,所对比的内容包括产品或者服务的质量等指标。通过这样的水平对比,有助于企业发现自身存在的不足,并根据对比所呈现出的问题采取相应的改进措施。

水平对比法有两个重要的步骤：首先是制订计划，明确要对比的对象和内容，最好是指定负责人员，通过对比国内外的标杆，综合思考发现自己产品的差距；其次是针对具体问题采取相应的改进措施，以不断提高自身的水平。可以说，水平对比法是一种创造性的借鉴。

2. 归纳对比法

可以从归纳和对比两方面来看。归纳是将具有个性的事物综合起来，进而获得一般结论；对比则是通过比较差异事物，寻求其中相同地方中的不同之处以及不同地方的相同之处。

3. 优序对比法

许多企业的历史数据常常不能反映因素之间的客观关系，而且有些因素不能用量化的形式进行计算，此时，优序对比法就可以起到一定的作用。优序对比法通过各项因素两两比较，充分考虑各项因素之间的互相联系，从而确定其权重。

优序对比法有构建尺度的要求，一般情况下，判断尺度的重要程度可以用阿拉伯数字1、2、3、4、5五级表示，其重要性随着数字的增大而增大。

在本书的实证研究中，对数据的分析不仅仅停留在将数据与固定指标进行对照上，还体现在各数据结果之间的对照。通过比较分析，可以较明显地对照出数据之间的差异，以便探析政府扶持、资源整合、协同创新以及商业模式创新四者之间的关系。

四、本书特殊的研究方法

本书中所用的特殊研究方法主要包括扎根理论分析、定性分析与定量分析相结合的方法。

1. 扎根理论分析

本书采用扎根理论的方法，通过对新型研发机构商业模式创新这一核心概念进行编码,最终得到相应的核心范畴,并通过编码得出核心范畴之间的关系,分析新型研发机构商业模式创新的影响机理。

2. 定性分析与定量分析相结合的方法

本书采用了定性分析与定量分析相结合的方法。首先利用扎根理论分析初步确定变量政府扶持、资源整合、协同创新以及商业模式创新之间的作用机理,后续采用问卷调查的方式获取大量样本数据,并使用 SPSS23.0 软件对数据进行描述性统计、相关分析以及线性分析,进一步确定变量之间的关系,为后文提出结论与建议奠定基础。

第六节 关键概念界定

本节对本书所涉及的一些关键概念如财政扶持、资源管理、知识协同与战略协同进行概念界定。基于对关键概念的准确理解,进一步开展相关研究。

一、财政扶持

财政介入企业融资,政府通过财政杠杆对企业提供一定的资金支持,充分发挥财政资金"四两拨千斤"的作用,是市场经济体制下政府职能的实现(尹丹莉,2011)。对于国家而言,以专项资金的方式配置资源不仅是利用规模投资拉动经济增长的重要手段,也是配置资源、调整产业结构、淘汰落后产能、鼓励特定产业发展、促进创新的主要政策措施。有学者从财政专项资金的角度切入,说明其在政府帮扶企业的财政扶持中的重要地位(邓菁、肖兴志，2015）。此外，在财政扶持中，财政税收制度的创新对企业有一定的扶持作用，包括对企业提供资金支持、优化资源配置、推动自主创新等（贺志茹，2023）。

二、资源管理

企业资源是企业所拥有或控制的、可以作为企业选择和实施战略的有效因素的总和，在市场经济条件下，企业资源管理的目标是通过对企业有形资产、无形资产、人力资源与组织能力的科学整合，创造更多的经济利益，形成独特的运营模式和企业文化，实现企业价值最大化（李雨晖，2021）。资源是一个系统，以优化物流整体功能为目标，通过对系统内的各要素进行调整或取舍，形成资源的合力结构，实现资源的有效协同，以促进物流运营能力大幅提升（尹巍巍，2020）。在资源管理中运用数字化手段，可以提高企业资源管理效率（孙菲，2023）。

三、知识协同

知识协同是在把握外部有利创新环境的基础上，以最大化提高组织绩效为目标，动态集结商业模式、技术资源和利益相关者知识资源的行为；是知识管理的高级阶段，包括知识学习、知识共享和知识转移等协同过程（Anklam，2002）。数字时代，知识客体的数字化程度日益提高，而数字技术的使用可以降低信息协同成本和信息共享壁垒，促进知识供需主体间的精准对接，增强创新团队的知识协同效应（黄南、王聪等，2022）。知识协同是以知识创造为目标，采用合适的信息技术工具，进行数据信息和核心知识的学习获取、合作交流和共享转移，进而创造新知识的过程（李娜、黄永春，2023）。

四、战略协同

"战略"是一种从全局出发来实现目标的规划，决定了一个组织前进的方向。协同概念与协同理论由物理学家赫尔曼·哈肯首次提出，"协同"是指通过协调两种或多种不同的资源或个体，共同实现某个目标的过程或能力（苗东升，2007）。20世纪70年代，伊戈尔·安索夫首次提出了战略协同理论。战略协同效应被认为是将不同公司的差异化活动结合在一起，当扩展到相关业务时，可以更好地利用自己的优势开辟新的增长机会，提高自己的核心竞争力。战略协同主要包括战略内部协同和战略外部协同。从企业角度，内部协同是通过企业内部各部门和单元之间的相互合作，进一步协调和整合企业内部资源，最终达到企业内部资源利用率最大化；外部协同是企业与外部主体之间经由并购、扩张、建立联盟等手段，与外部环境之间经由协同、互动等方式，从而提升企业核心竞争力的表现（李伟杰、宋焱，2013）。对企业来说，其战略协同有多条实现路径，包括以实施全面管控为核心条件、以强管控匹配非先子后母集团组建方式或高文化整合度、以强战略管控匹配高管控效力、以弱管控匹配高管控效力4类路径（孙春艳、王凤彬，2023）。

第七节　结构框架

本书结构安排遵循下面的次序展开：提出问题确定研究主题、文献综述、扎根理论分析、理论推演和假设提出、实证研究及假设检验、案例佐证、研

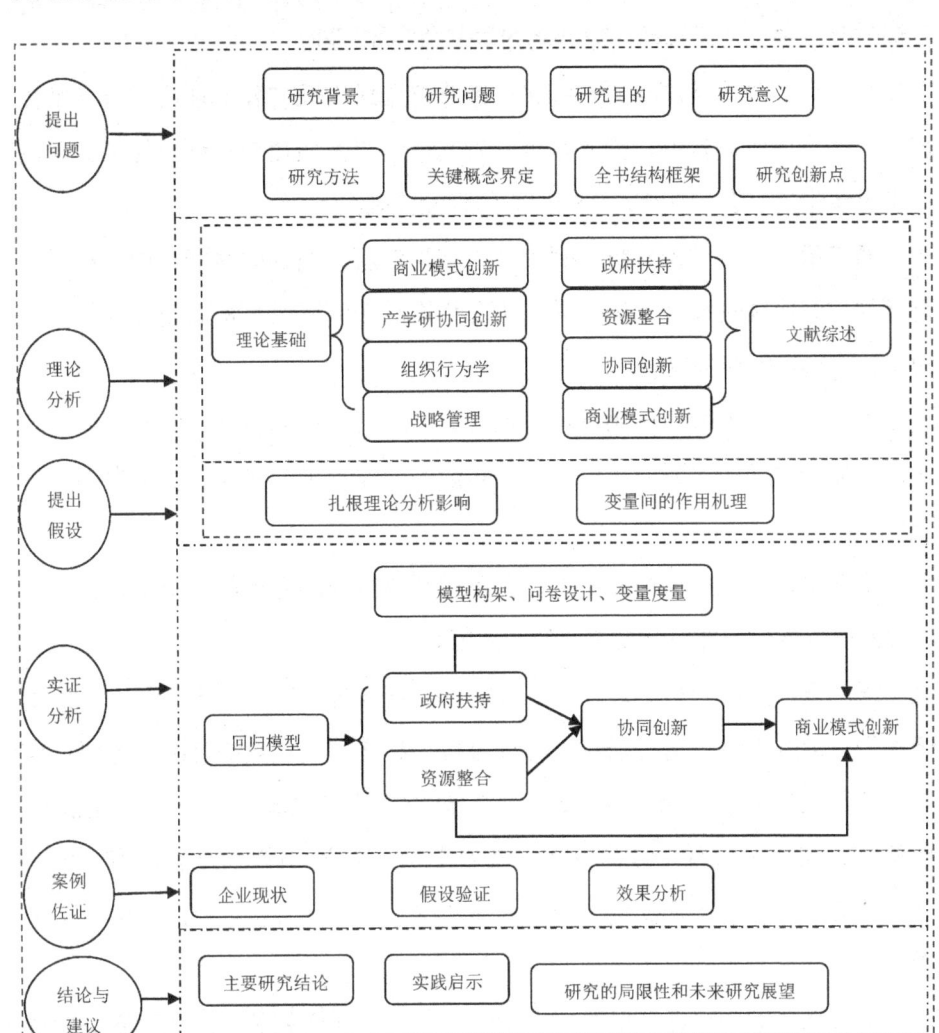

究结论意义及研究局限性，具体如图 1-6 所示。

图 1-6　全书结构框架

第一章，绪论。首先，对本研究做简要介绍。其次，从现实和理论角度介绍本书的背景，表明研究的必要性以及可行性，并根据新型研发机构发展的相关背景提出相关的问题，明确研究对象以及有可能用到的研究范畴，确定研究目的，并从理论及现实层面阐明研究意义，设置研究的预期目标，对关键的概念进行名词解释，而后规划本书的整体框架。

第二章，理论基础与文献综述。围绕议题所涉及的相关理论进行详细梳理，进一步对政府扶持、资源整合、协同创新以及商业模式创新等相关理论的发展演化过程进行总结，明确研究的理论基础。

第三章，扎根理论分析。利用扎根理论对所访谈到的案例机构的资料进行开放式编码和选择性编码，并从中分析影响新型研发机构商业模式创新的因素，进一步探究各变量之间的关系。

第四章，变量间的作用机理。探讨政府扶持、资源整合、协同创新与商业模式创新之间的关系，并对协同创新的中介作用进行研究，明确本书的研究框架。

第五章，实证研究的方法论。在正式开始实证研究之前，明确研究的过程以及研究方法，并设计发放问卷的内容。

第六章，实证分析。通过对回收问卷的情况进行统计分析，形成可以用于本研究的数据集。通过描述性统计分析了解样本及变量的情况，并通过信度分析、效度分析、相关性分析、回归分析与假设检验等实证分析的过程，剖析在新型研发机构中政府扶持、资源整合、协同创新以及商业模式创新之间的关系，并采用重新定义变量的方式来确认实证分析过程的稳健性是否良好。

第七章，案例佐证。以肇庆市华师大广电产业研究院、清远高新华园科技协同创新研究院及广东华中科技大学工业技术研究院进行佐证，从政府扶持、资源整合、协同创新及商业模式创新4个方面描述研究院的现状，对3家研究院进行比较分析。

第八章，结论与建议。总结本研究所得出的结论，给出相关建议，并阐述本研究中存在的不足。

第八节 研究创新点

本书相较此前的研究,分别从应用创新、方法创新和视角创新3个方面对本研究的创新点进行了说明,具体内容如下。

1. 应用创新

本研究中的自变量选用的是政府扶持和资源整合,其中政府扶持是影响新型研发机构的外部因素、资源整合是影响新型研发机构的内部因素,创新性地同时从内外两个维度分析新型研发机构商业模式创新的影响因素,在探讨政府扶持、资源整合与商业模式创新的关系时,更全面地剖析如何使新型研发机构得到更好的发展,为新型研发机构的建设提供实际价值。

2. 方法创新

本研究采用定性分析与定量分析相结合的研究方法,创新性地将此综合性的研究方法应用于政府扶持、资源整合、协同创新和商业模式创新的多变量研究中,丰富了该方法的使用范畴。

3. 视角创新

协同创新是现代企业管理公司的有力工具之一,协同效率的提高不仅可以直接提高企业商业模式创新的有效性,还可以最大化地发挥其他因素对商业模式创新的利好影响。协同创新已经越来越成为企业经营发展的主要手段、渠道、管理方法和政策,通过推动公司内部所有基本要素与人力资源的高效整合,帮助企业解构传统落后的"环心锁",通过各个基本要素相互之间的有机融合和互动沟通,以自组织和自适应的联合形态,迅速根据发展战略或市场主动调整资源组合的配给和有效优化,激发企业主体达到"1+1>2"的协同效应。本研究创新性地以协同创新为中介变量,应用于新型研发机构商业模式创新的探讨,丰富了相关理论的研究。

第九节 本章小结

　　本章是绪论部分。首先,从现实角度简要介绍了当下新型研发机构的发展情况,在市场需求不断涌现的情况下,新型研发机构必须进行创新才能在市场上占得一席之地,因此,研究新型研发机构的商业模式创新是非常有必要的。而后简要地介绍了政府扶持、资源整合、协同创新以及商业模式创新的理论背景。其次,明确本书的研究问题,提出国家创新战略驱动下新型研发机构政府扶持、资源整合以及协同创新应如何影响其商业模式创新,应该有什么样的作用机制。最后,对本书的研究目的进行阐释,并从理论及应用层面剖析研究意义,明确研究方法,并对研究所涉及的财政扶持、资源管理、知识协同及战略协同等关键概念进行名词解释。除此之外,本章还明确了全书结构框架,并阐明了创新点,以便在开展研究时思路更加清晰明确。

第二章

理论基础与文献综述

第二章　理论基础与文献综述

本章主要归纳学者们有关政府扶持理论、资源整合理论、协同创新理论以及商业模式创新理论的研究，对于这些理论的分析能够为后续研究提供参考。

首先，展开商业模式创新研究的探讨。学者们对商业模式的探讨由来已久，其概念更是曾经饱受争议，经过发展，商业模式的概念逐渐与时代背景融合，慢慢具有时代特色，其概念也将随着时代的变化而不断演进，商业模式创新与各个学科的融合更是学者们研究的焦点。随着人们越来越看重商业模式创新在企业发展中的作用，商业模式创新的途径也逐渐成为学者们研究的重点。

其次，是政府扶持的相关研究。本章介绍了政府扶持的概念、方式及其影响，由于学者们是基于不同行业总结得出的关于政府扶持的概念，所以政府扶持的概念颇具行业特色，分析其不同观点能更全面地反映政府扶持在各行各业的地位。政府扶持的方式及其影响同样是学者们研究的重点。而后是资源整合的相关研究，从最基本的资源整合的定义及分类出发，分析学者们关于资源整合的影响因素以及效果的观点。

再次，对于协同创新的内涵、动因及模式的相关研究进行阐释说明。

最后，在以上研究的基础上，进一步挖掘分析相关的理论，总体介绍与本研究相关的商业模式创新理论、产学研协同创新理论、组织行为学理论以及战略管理理论。

基于上述对学者们相关理论研究的剖析，初步分析自变量政府扶持与资源整合、中介变量协同创新以及因变量商业模式创新四者之间的关系。

第一节　理论基础

本研究所涉及的理论主要包括商业模式创新理论、产学研协同创新理论、组织行为学理论以及战略管理理论，本节将对这些理论进行具体介绍，以期为下面的研究提供理论基础。

一、商业模式创新理论

商业模式创新是近年的热门话题，一直颇受学者们的关注。商业模式创新和技术创新、产品创新等一般的创新过程是有所不同的，如表2-1所示。

表2-1　商业模式创新理论

学者	年份	观点
Timmers	1998	电子商务市场是商务模式的最早起源地，研究商业模式重在创新和系统
Osterwalder	2005	商业模式创新需要有与外部主体的合作，这种合作是通过整合内部资源所传递出来的价值之间的合作
Markides	2006	理解商业模式创新的内涵，要从交易结构的持续改变过程入手，但又不仅仅局限于对该过程的了解
Zott	2008	商业模式是一种活动系统，与创造价值相关的多主体之间有相互依赖性
刘月宁、王凤彬	2017	突破局限，将商业模式与战略区分开来

续表

学者	年份	观点
卜庆军、刘素梅、刘程军	2019	强调商业模式创新是一种企业的主观行为,是企业在意识到需要重新配置活动系统之后产生的一种行为
Bogers	2019	商业模式是一个开放的系统,创新必然带来企业内部和外部以及交互关系的改变
长青、郭松明、马萍	2021	企业依托管理者对机会窗口的捕捉不断更新主导逻辑既定内容是商业模式创新的逻辑起点,可见组织受主导逻辑影响实现创新的方式能为企业带来一定程度的发展,但由于高管异质性的存在,创新活动在发展强度、时间持续度等方面可能存在差异,主要体现在商业模式是否适配这一时期的市场机遇所产生的创新效度差异
刘丰、邢小强	2022	商业模式的衍生需要突破组织刚性以及保持对外部机会的敏感,因此企业要保持一定的创造力,突破现有认知去提出新颖的、颠覆性的价值主张,设计资源和能力匹配的价值交易结构予以价值创造,从而通过平衡资源建立一个多元的商业模式投资组合
刘洁、张雪梅	2023	格力电器数字化转型使得商业模式从平台模式向社群模式再到生态系统模式转变

商业模式创新是本书研究的重点之一。通过对商业模式创新理论的系统梳理,一方面明确了商业模式创新在企业管理中的重要性,另一方面为探讨新型研发机构的商业模式创新提供了思考的方向。

二、产学研协同创新理论

产学研协同创新不仅可以使参与的主体获取更大的利益,也有利于对资源的整合利用并减少不必要的资源浪费,从而更好地提高产学研各主体的竞争力,如表2-2所示。

表 2-2　产学研协同创新理论

学者	年份	观点
Etzkowitz、Leydesdorff	2000	协同创新的主体之间，如果在价值观上有一定的认同感，在文化上也有一定的认同感，互赢的心理预期就越容易形成，他们之间的合作关系也会越发持久
谢园园、梅姝娥	2011	企业产学研合作行为的发生主要不是受 R&D 投入能力的直接影响，而是与企业 R&D 吸收能力和外部政策环境支持程度直接相关；企业对产学研合作模式的选择普遍受产学研合作程度和政策环境支持程度的显著影响；企业规模对产学研合作模式选择无显著影响
周青、杨伟、马香媛	2012	企业开展产学研合作创新活动时其主导地位能否得到体现是影响创新合作绩效优劣的关键
王培林、张治栋	2012	将知识协同过程分为单链合作、互动合作和一体化合作 3 个阶段，合作层次由低到高（其中单链合作模式中知识主要呈线性流动；互动合作模式中，知识流动不再是线性形式；一体化合作模式中知识在网络化的组织结构中得到了充分流动，各主体参与动力提高，信息协同的效率增加）
刘云、杨东涛	2018	企业在各创新要素中必须实现技术创新和市场创新的协同，两者的良好协同是做好企业协同创新管理的关键和突破口
陈伟、王秀锋、曲慧、魏轩、林超然	2020	信任和共享平台能影响产学研协同创新主体的自身实力，对知识及资源等的迁移与共享至关重要，共享平台拥有很多具有创新能力和激情的科研团队及资源，应建立竞争和合作共存的共享平台，充分发挥企业、高校、科研院所及政府和中介机构在组织中的作用，完善交易行为，加强知识产权保护及人才培养，促进创新人才的流动，确保共享机制的高效运行，相关政策应重视共享平台的建立
赵芸、秦哲璇、胡秀娟	2022	产学研协同创新应加强学科交叉，继续推动理论跨界发展；凝聚研究重点，助推系列成果的产生；着眼应用创新，促进理论指导实践
石琳娜、陈劲	2023	在产学研协同创新过程中，知识协同存在知识供需关系，双方投入的知识协同成本（知识贡献成本、知识溢出风险、知识加工成本）过高会抑制创新主体的协同意愿，不利于系统帕累托改进

产学研一体化是当下经济发展的形式之一,通过对产学研协同创新相关文献的系统梳理,本书明确了产学研协同创新的重要性,初步了解了相关的影响因素及运作机制,为后文探讨新型研发机构的协同创新奠定基础。

三、组织行为学理论

组织行为学是研究组织中人的心理和行为表现及其规律,提高管理人员预测、引导和控制人的行为的能力,以实现组织既定目标的科学。一个多世纪以来,组织研究领域虽然取得一定的辉煌成就,但其理论体系和学科范式的发展依然很艰难。目前学术界的学者们对组织行为学的研究颇丰,如表2-3所示。

表2-3 组织行为学理论

学者	年份	观点
章凯、罗文豪、袁颖洁	2012	在组织管理学术层面,可从以下四点进行改进:反思学科的基础逻辑,改造学科的元理论;超越文献空白,加强基于实践的理论建构;选择理论创新的着力点,打开理论创新的空间;培养有利于理论创新的思维策略
邹文篪、田青、刘佳	2012	在组织行为学领域开展中国管理情境下的互惠研究是非常有价值的,通过分析企业与员工的互惠、主管与员工的互惠以及员工之间的互惠可以帮助企业有效地塑造员工行为,提高员工绩效
廖化化、黄蕾、胡斌	2022	资源保存理论的整合导向可与组织行为学理论的聚焦传统形成强有力的互补支持,在未来继续融合发展
霍小蕊	2023	通过运用激励理论、创建学习型组织、营造企业组织文化、注重组织内部的职工关系、提高对员工的基本保障等组织行为学相关理论,能够更好地对企业进行管理

人才是新型研发机构发展的关键和原动力，运用好组织行为学，有利于新型研发机构的管理。通过梳理组织行为学的相关理论，能够更加明确新型研发机构政府扶持、资源整合、协同创新及商业模式创新等方面与人有关的因素对机构的影响。

四、战略管理理论

在变革的时代，企业面临着种种挑战，这势必会导致管理思想的变迁。企业的战略管理思想在企业的发展中起着至关重要的作用，因此许多学者也对战略管理理论进行了研究，如表-4所示。

表 2-4　战略管理理论

学者	年份	观点
Nielsen	2005	通过对战略管理和知识管理发展历程的追溯研究，认为知识在战略管理中发挥着重要作用，强调企业内部知识因素对管理产生的影响
蒋卫平	2011	企业进行财务战略管理，最基本的应该考虑自身的能力现状，只有具备相应的能力才能做相关的事情
武亚军	2013	东方战略思想引领下的战略管理新框架可以将创新管理和知识管理与动态能力理论进行系统整合，实现企业的内外协同
张东生、丁玉婉、刘宏波	2019	企业战略管理基本原理包括顺势、寻机、借力、用巧和求异5个维度
张东生等	2021	智慧基础观会是未来战略管理的一种主流范式
蒋先洪	2023	企业战略管理存在以下问题：存在较强的政策依赖性；战略管理思维存在较大缺失；制定与执行企业战略过程中存在不足；缺乏完善的战略管理机制；缺乏专业的战略管理

战略管理是新型研发机构要持续、长久发展所必须做的工作之一。战略管理相关文献的梳理，一方面可以为新型研发机构的商业模式创新提供一定的方法论，另一方面有助于为新型研发机构的问题发现及问题解决提供思路。

第二节　政府扶持相关研究

政府扶持是公共管理学科的内容，是指政府为了发展市场经济而对相关行业或者企业及机构进行扶持的行为。本节通过对相关文献进行梳理，对学界关于政府扶持的概念、影响以及方式的研究进行阐述。

一、政府扶持的概念

政府扶持是作为主体的政府为促进市场经济发展而对企业或者机构进行援助的一种方式。政府扶持可以是直接的也可以是间接的，其力求达到的效果是促进相关行业及企业的发展。现有实践表明，政府扶持在推进国家技术进步和企业技术创新发展中发挥了不可代替的作用，如表2-5所示。

表 2-5　政府扶持方面的观点

学者	年份	观点
Greert 等	1998	政府发放创新补贴以扶持企业间合作创新，补贴政策的实行一定程度上会激发企业加大创新投入。政府扶持的效果可以从两方面考虑，一是企业利润最大化，二是社会福利最大化
王春晖、李平	2012	政府采购、政府财政资助等相关政策对企业技术创新具有引导及调控作用
邹仕剑	2023	政府通过出台资金支持、税收优惠、技术支持和人才支持等一系列政策，扶持家庭创业，降低家庭创业成本，提高家庭创业的积极性和创业收入，促进创业家庭进行金融资产配置，从而实现共同富裕

二、政府扶持的方式

政府扶持的方式包括制定颁布相关政策、发放政府补助等，以下归纳了学者们对不同的政府扶持方式的研究观点。

1. 政策支持

政府可以通过颁布相关的政策来使相关的企业受益，如税收优惠政策、产业倾向政策等，如表 2-6 所示。

表 2-6　政策支持方面的观点

学者	年份	观点
王克敏、刘静、李晓溪	2017	地方政府为了促进本地经济发展所采取的扶持政策一般是基于国家产业政策的，然而，政府与企业之间出现的信息不对称问题可能会降低资源配置效率，从而引发公司过度投资，影响相关政策的实施效果

续表

学者	年份	观点
朱平芳、徐伟民	2003	政府的科技拨款资助和税收减免这两个政策工具对大中型工业企业增加自筹的 R&D 投入都具有积极效果
陈维、吴世农、黄飘飘	2015	企业享有的政府扶持政策因其高管政治关联的层级与类别而异
卢盛峰、陈思霞	2017	政府偏袒减弱之后，辖区内企业的融资约束状况相对其他县市企业显著变得更严重
朱武祥、张平、李鹏飞、王子阳	2020	疫情冲击下，中央及地方政府迅速密集出台纾困中小微企业的组合政策，凸显了我国政治和经济体制应对实体经济困难的快速响应和救助的优势
郭峰、陈凯	2024	政策支持对企业数字化升级绩效具有显著强化作用

2. 政府补助

众多学者研究了政府补助对于企业发展的作用，如表 2-7 所示。

表 2-7 政府补助方面的观点

学者	年份	观点
潘越等	2009	政府补助可以在救助当年明显改善公司业绩，但对公司长期业绩提升作用会受到企业整治关联程度和企业性质的不同而存在差异
吕久琴等	2011	补助对下一年的研发具有显著的激励作用
郑春美等	2015	政府补助对企业创新有显著激励作用
陈红等	2019	对于制造业和服务业成长期企业，政府补助可以起到激励它们进行开发性创新活动的作用
夏芸等	2023	政府补助可以通过缓解融资约束促进 ESG 表现；政府补助对企业 ESG 表现的提升，在非国有企业、CEO 与董事两职分离的企业以及制造业企业中的作用效果更为显著

三、政府扶持的影响

政府扶持的目的在于促进企业发展从而促进国家经济发展，接下来将主要阐述政府扶持对企业成长以及企业价值的影响。

1. 对企业成长的影响

政府扶持政策的出发点一般都是促进企业成长。政策对企业的影响可以从4个方面来看。第一，市场角度。通过供给、资金、技术、需求和效益来影响企业的环境，包括生存和成长的环境。第二，政府的宏观政策。由于企业的发展离不开宏观环境，因此政府所颁布的与宏观环境有关的政策在一定程度上会对企业的成长产生影响，其影响还应视具体情况而定。第三，市场机制可以自动调节经济，这就使得生产要素的优化配置有一定的局限性。对政府而言，可以通过制定重点产业倾斜政策或者鼓励技术人员入职企业等措施来促进相关生产要素的合理配置。第四，政府可以通过颁布政策、发放补贴等方式促进企业形成自身的成长模式，政府的引导在一定程度上会对企业的行为产生影响，从而改变其价值取向。

具体而言，分析政府扶持影响企业成长的机理，可以从政策的分类入手分别分析政府扶持政策对企业成长的影响。一是技术创新政策。许多国外学者研究了技术创新政策在企业成长方面的影响。在以技术基础为主的早期企业中，政府科研支持政策扮演着重要的角色。科研补贴和科研成果转让税率的减免两种因素对企业的创新有正向促进作用，在一定程度上提升了国内技术能力。二是财税政策对企业成长的影响。财税政策可以影响整个经济和劳动市场，进而影响企业的成长。研究表明，政府直接补助企业研发或者是对企业的研发进行税收减免的行为均能促进企业研发。国家在税收激励上慷慨，就可以吸引到最多的研发投资。此外，税收减免政策可以直接促进科技型企业的风险投资发展（牛海霞，2004）。三是金融政策。研究表明，金融政策在一定程度上可以约束和限制企业的创新以及成长（高艳慧、万迪昉、蔡地，2012）。

2. 对企业价值的影响

许多学者对政府扶持政策与企业价值之间的关系进行了研究，他们普遍认为，政府扶持政策对企业价值具有正向促进作用，如表2-8所示。

表2-8 对企业价值的影响

学者	年份	观点
高山行、蔡新蕾、江旭	2013	中国的企业受到众多因素限制，如创新资源不足等，这就使得企业的探索性创新无法有效进行
曾萍	2014	政府政策扶持可以增强企业对创新风险的抵御能力
陈红	2019	政府补助以及税收优惠可以激励企业的开发性和探索性创新绩效
白旭云、王砚羽、苏欣	2019	从长远来看，政府补助促进了企业价值的提升，因为政府补助可以弥补企业进行创新性活动的机会成本
张翅	2020	政府补助可以使企业将更多的资金投入生产经营活动中，进而提升企业价值
范亚东、曹秀霞	2020	政府扶持政策显著促进企业价值的提升，提升的边际效应呈"先升后降"的双门槛趋势
刘婷、陈家伟	2023	政府基于不同层面的扶持对创新投入和创新产出均会产生不同的影响，尤其在考虑了各种异质性后，政府扶持和企业创新的关系更加复杂

第三节 资源整合相关研究

资源整合是一个动态过程，本节将从资源整合的定义分类、影响因素以及效果来分别阐述相关的研究。

一、资源整合的定义及分类

资源整合能力在企业发展中扮演着不可或缺的角色，学者们对资源整合能力有不同的见解，如表2-9所示。

表2-9 资源整合定义及分类

学者	年份	观点
崔启国	2007	资源整合能力具有动态性和竞争性的特征，该种能力主要表现为企业对资源的识别、汲取、调配和使用
蔡双立、孙芳	2013	企业资源整合能力代表的是企业对资源进行获取、调动、协调以及组合的能力
Peters、Lobler、Brodic 等	2014	与资源相关的两个关键概念是整合和交互
Edvardsson、Kleinaltenkamp、Tronvoll	2014	资源整合涉及资源被行为体整合和使用的方法，意味着合作和协调过程导致了所有相关行为体的经验和相互行为结果
Bocconcclli 等	2020	资源整合越来越强调参与者如何共同创造价值的过程

续表

学者	年份	观点
赵芹沅、张慧	2023	从技术角度，将技术资源整合定义为企业完成技术并购后对获得的外部技术资源进行识取、吸收、转化、配置与开发，进而与内部技术资源融合并重构成适合企业自身研发创新和技术升级的过程。由此，技术资源整合过程分为识取、吸收、转化、配置与开发5个环节

二、资源整合的影响因素

研究企业的资源整合，必然要对能够影响资源整合的因素进行研究，只有明确什么因素会影响到企业，才能够对症下药，有针对性地制定策略，如表2-10所示。

表2-10 资源整合影响因素

学者	年份	观点
蔡莉、肖坚石、赵镝	2008	如果企业拥有较强的学习能力，就会对企业的资源整合有一定的积极作用
叶峥、郑健壮	2014	可以对企业资源整合能力产生影响的因素包括集群企业的关系强度、网络规模、网络密度以及中介特征等
彭伟、符正平	2016	对科技型创业企业来说，关系网络是会影响其发展的，特别是较强的联盟关系网络以及中心性的网络位置
李娜	2018	企业自身所具有的品质中，能影响到其资源整合能力的因素包括企业的创造性、能动性以及责任性
陈丽莎	2020	解决融资困难、获取核心资源是新创企业发展的关键所在

续表

学者	年份	观点
王莉静、丁琬君	2021	创新战略是3个阶段的制造业企业创新过程中资源整合的先决因素，组织结构调整、创新情境、运营环节是其驱动因素
张敬怡、李煜华	2023	制造业企业资源整合与流程整合之间相互影响，存在明显的协调互动效应

三、资源整合的效果

资源整合是企业提高发展质量的必要手段之一，资源整合如何影响企业以及可以使企业有什么样的发展成果，是学术界学者们研究的重点之一，如表2-11所示。

表2-11 资源整合效果

学者	年份	观点
饶扬德	2005	资源整合能力对于企业提升其竞争能力具有重要作用
饶扬德	2006	影响企业获得竞争优势的重要因素之一是资源整合能力
查君君	2020	新创企业应定期开展资源拼凑活动，针对性地对待内外部资源，合理发挥自身资源整合能力，来促进财务绩效和成长绩效的增长实现长远发展
李卓	2023	资源整合对提高资源利用率、挖掘潜在经济价值有重要作用，并能对企业可持续发展有所帮助

第四节　协同创新相关研究

协同创新是促进企业发展的有力工具之一。本节将学者们对协同创新的研究进行整理，对协同创新的内涵、动因及其模式进行了介绍。

一、协同创新的内涵

协同创新的先期基础是协同制造。协同创新实质上是各个创新要素的整合，其创新过程也包含了创新资源的自由流动。从创新过程层面来讲，可以说协同创新是一种价值创造过程，是作为创新主体的企业、高校等以知识增值为内核进行创新的过程，如图 2-1 所示。

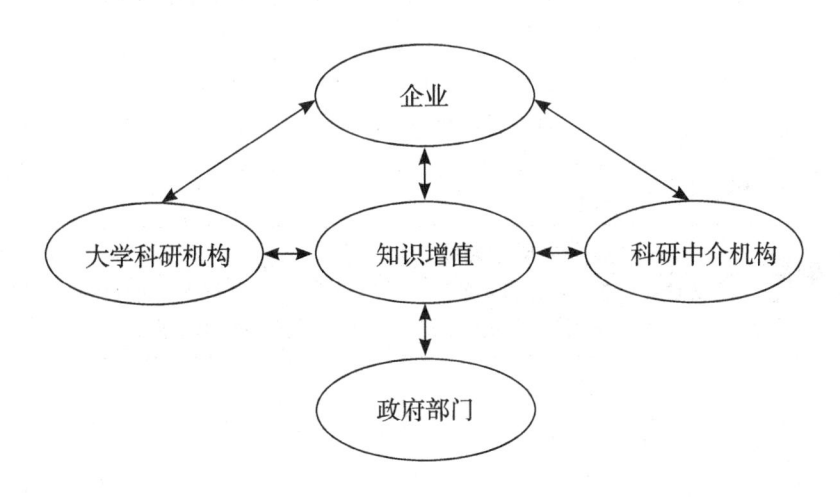

图 2-1　协同创新过程

以协同创新为基础的产学研合作方式是国家创新体系中重要的创新模式。

知识经济时代，信息和知识变成了财富的主要创造者，可以说，协同创新是各主体之间的一场大跨度整合，目的是实现科技创新。在实践操作方面，要推动协同创新的科学发展，必然要构建相关的组织和平台，并通过组织和平台来协同各项资源，在此基础上进行创新。

关于协同创新内涵的观点，如表2-12所示。

表2-12 协同创新内涵相关观点

学者	年份	观点
陈嘉铂、张在群、来茂生	2014	协同创新是通过多个组织共同参与推动技术转移和知识共享而形成的一种合作关系
侯二秀、石晶	2015	协同创新是指企业与高校、中介机构等组织通过协同合作来实现资源共享，从而提升效率、创造价值的过程
周志太	2019	全面、深入的协同创新网络概念应内含的信息包括：多元主体遵循益损与共、协同发展的原则，为应对全球化和知识经济背景下创新的不确定性，以及单个主体资源和创新能力的有限性，进行跨领域、系统化、网络化的知识、组织、管理等多要素整合进而形成的复杂非线性的正式和非正式关系
刘红华	2020	知识整合、资源整合等是各个主体参与协同创新的主要手段，即实现在知识上的共享、资源上的优化配置等方面的融合，是对创新要素的系统优化以及合作创新的一个实现过程
许晨曦、孟大虎	2023	企业协同创新是一种以企业为中心的多个主体之间的深度协作与资源整合，预期会产生一系列的非线性创新效用，进而达到知识创造与技术突破的创新组织模式

二、协同创新的动因

协同创新的动因包括内部动力因素以及外部动力因素。

1. 内部动力

所谓内部动力，是指来自创新的主体内部的动力，即创新主体为什么要进行协同创新。主要包括4个方面：内部激励推动、战略协同引导、利益驱动、创新能力驱动，如表2-13所示。

表2-13 协同创新内部动力

动力因素	观点
内部激励推动	组织的任何活动都需要人员参与，因此，人员参与是协同创新的重要条件之一，也可以说是核心。所以，构建内部激励系统非常有必要。对协同创新主体来说，由内激励相关人员的积极性，尤其是创新积极性，对激励成员发挥自己最大的价值有很大作用，可以进一步推动协同创新的发展
战略协同引导	战略的协同也就意味着协同创新的各个主体会有一致的目标、共同的价值以及一致的行动方向，进而使得协同创新可以在正确的方向上行进
利益驱动	各主体对协同创新利益的趋向，使得他们加快创新脚步。对每一个相关的主体来说，协同创新的内部动力之一就是利益驱动力，并且利益驱动力起到主导作用
创新能力驱动	一定程度上，整体的创新能力会受到各主体的创新能力的影响。与此同时，创新能力可以使得各个主体之间在优势上相互补充、在能力上相互补充，进而共同提升创新能力
许晨曦、孟大虎	企业协同创新是一种以企业为中心的多个主体之间的深度协作与资源整合，预期会产生一系列的非线性创新效用，进而达到知识创造与技术突破的创新组织模式

2. 外部动力

协同创新的外部动因是指处于协同创新联盟外的驱动力，可以有效引导、激发或驱使协同创新的动力因素，如表 2-14 所示。

表 2-14 协同创新外部动力

动力因素	观点
政府支持力	政府支持力是协同创新的引导者和助力者，协同创新机制的发展必须在政府的引导和助力下进行
市场竞争压力	市场竞争压力是促进政产学研协同创新的外部重要动力，激烈的市场竞争压力可以促使政产学研等创新主体构建协同创新联盟，资源共享、协同创新
市场需求拉力	市场需求拉力激发市场主体的创新活力，促进创新主体走向协同创新，提高创新能力和创新效率
科技推动力	在激烈的市场竞争下，科技创新动力澎湃，新旧动能加快转换，协同创新已经成为推动技术发展的重要动因

三、协同创新的模式

协同创新模式描述了不同主体之间的关系，并且对模式的总结实质上是对实践的一种理论概括。根据现有文献，可以将协同创新模式分为内外两种模式。

1. 内部协同创新模式

以要素数量划分，可以将内部协同创新模式分为双元、三元甚至是更为丰富的多元协同创新模式，如表 2-15 所示。

表 2-15　内部协同创新模式

学者	年份	观点
董晓宏、郭爱英、宋长生	2007	市场、技术、战略、人力、组织、信息这 6 个要素是关键,创新主体通过沟通、竞争、合作 3 个阶段加工六要素,从而提高创新绩效
饶扬德、唐喜林	2009	从外部到内部,企业的运行结构可以划分为市场、技术和管理 3 个部分
周永红、杨芝	2014	技术创新及组织创新中间有一种一般的逻辑关系,需要引起一定的重视
冯伟、赵玲	2022	企业集团的协同创新模式主要为以下 7 种:战略协同创新模式、战略客户协同创新模式、业务协同创新模式、研发协同创新模式、管理协同创新模式、人才协同创新模式、财务协同创新模式
徐梅	2023	以财政协同金融的两种模式——信贷模式和投资模式为基础,通过研究证实两种模式都可以通过缓解企业的融资约束从而引导资金投向技术创新活动,提高企业的创新产出

2. 外部协同创新模式

外部协同创新是指不同主体间的协同创新,主体主要包括科研机构、高校、政府、研发机构及企业等,如表 2-16 所示。

表 2-16　外部协同创新模式

学者	年份	观点
李雪茹、白少君、瞿小璐	2012	"政产学研用"协同创新模式极大地促进了文化产业的大发展
马家喜、金新元	2015	对协同创新模式进行界定与分类,以 RMCG 模型解释该模式的选择决策过程,还用案例实证来对其进行检验

续表

学者	年份	观点
张清辉、郭清伟	2015	纵观协同创新的发展，从过去的区域协同创新到后来协同创新网络的研究，摆脱了区域因素对协同创新的影响；从过去的双因素协同创新到现在的多因素的全面的协同创新或者说是形成的战略聪明，极大地丰富了协同创新理论，但是对于协同创新的维度还有待开发研究
朱书昕、许成磊等	2023	通过分析科技型中小企业数字化研发协同的多维度创新资源、企业战略及发展目标，将其数字化研发协同模式划分为技术协助型、研发集群型以及价值链融合型3种

第五节 商业模式创新相关研究

对商业模式创新的研究离不开对商业模式的仔细钻研，本节通过对商业模式创新相关文献的研究，对商业模式概念的演进、商业模式创新与各学科的融合情况以及商业模式创新的途径进行了大致梳理，为下文研究新型研发机构商业模式创新的相关内容打下理论基础。

一、商业模式概念研究的演进

商业模式概念的演进过程，大致上是从朴素认知阶段到组分探析阶段，再到系统建模阶段。在各个阶段的研究中，商业模式的概念逐渐有了不同程度的演进。

1. 朴素认知阶段

商业模式的朴素认知阶段基本上可以认为是在 2001 年以前。这一阶段里，学者们对于商业模式的定义较为模糊，但也有各自的见解，如表 2-17 所示。

表 2-17 朴素认知阶段相关观点

学者	年份	观点
Timmers	1998	对商业模式的最基本的理解就是它是一种用来做生意的方式，也就是商业模式是"一种产品、服务和信息流的结构"
Boulton	2000	以资产组合来划分商业模式，特别是如关系、知识产权和人才等无形资产在其中发挥着重大的作用
Magreetta	2002	商业模式关注的是企业如何运行，对于商业模式的好坏有一个标准是，是否能回答关于受众、顾客价值、赚钱方式和经济逻辑的问题

2. 组分探析阶段

在组分探析阶段，学者们对商业模式的研究主要有两个突破。第一，通过对商业模式要素的识别以及描述，使得商业模式的概念得到丰富；第二，价值在商业模式中引起重视。同时，该阶段对于商业模式创新的研究也有不足之处，许多学者指出，各要素之间有一定的相互关联性，但鲜少有学者将其中的理论关系确切地揭示出来，如表 2-18 所示。

表 2-18 组分探析阶段相关观点

学者	年份	观点
Dubosson-Torbay、Osterwalder	2002	提出商业模式是一种组合架构，包含了企业和伙伴网络，并列举出商业模式的九大基本要素

续表

学者	年份	观点
翁君奕	2004	商业模式的组成包含了伙伴界面、内部构造、客户界面，而每一方面都包含4个基本要素，也就是价值回收、价值内容、价值对象、价值提交
李东	2006	基于Meta分析法，提出商业模式所具备的5种基础策略构件
Chesbrough等	2007	商业模式是一种组合，包括竞争战略、目标市场、价值主张、价值网络、收入机制等

3. 系统建模阶段

从2006年开始，学者们基本突破了组分探析阶段，关注重心转向商业模式应该包含哪些要素、这些要素处于什么地位以及要素之间具有什么样的逻辑关系。系统建模阶段的商业模式概念，如表2-19所示。

表2-19 系统建模相关观点

学者	年份	观点
Morris	2013	基于整合视角，构建了一个商业模式分析框架，该框架具备"三层次"以及"六要素"。其中的"三层次"是指基础层、专有层、规则层，3个层次中的每一个层次都需要考虑6个基本要素
Johnson等	2008	构建了一个商业模式框架，包含顾客关键资源、价值主张、关键流程、盈利公式
Zott、Amit	2009	提出系统性是商业模式的一个重要特性，并且以活动系统来定义商业模式，对这一系统的架构以及功能进行阐释
周江华	2012	结合扎根理论，归纳出适用于特定市场的与商业模式有关的模型
魏江	2012	构建了关于商业模式研究的框架

续表

学者	年份	观点
程愚、孙建国	2013	基于对商业模式内涵的总结和归纳，构建了一个系统范式的商业模式研究框架
陈泽文、许秀梅	2023	提出商业模式创新是对企业核心要素及要素组成关系进行系统性重构的活动

二、商业模式创新与学科融合

由于学界的学者们往往有不同的学科背景，因此对商业模式的概念通常会有不同的认识。对于商业模式创新的概念，学者们也有不同的见解，包括从价值创造视角看商业模式创新，以及分别在技术创新学视角和战略学视角看商业模式创新。

1. 价值创造视角下的商业模式创新

商业模式的创新归根结底是要为企业或者机构创造价值，学者们站在价值创造的视角上对于商业模式创新也有自己的见解，具体如表2-20所示。

表2-20 价值创造视角

学者	年份	观点
Osterwalder	2005	价值主张设计商业模式创新的出发点，包括运营模式和盈利模式
Zott、Amit	2009	商业模式创新使得企业可以跨越产权边界，从而改变与各利益相关者之间交易的方式
Demil、Lecocq	2010	商业模式内部要素引起了新的选择，这使得企业提出了新的价值主张并且创造了新的资源组合，从而引发根本性创新

续表

学者	年份	观点
Casadesu-Masanell、Ricart	2010	商业模式其实是一种行为逻辑,所关注的重点是企业应该怎么通过运营为利益相关者创造价值
罗珉、李亮宇	2015	互联网背景下的社群平台生命力极强,是商业模式创新的坚实基础;提升价值的方式发生变化是互联网时代的商业模式创新发生变化的原因之一
江积海、廖芮	2017	企业在商业模式设计中应充分考虑由时间、地点、情感等构成的特定消费情境
张璐、雷婧、张强、长青	2022	企业以合理分配有限资源并满足顾客需求为目的构建价值主张,并基于有效的价值主张调整或改变现有的价值创造、价值传递及价值获取的方式来应对环境的变化,通过对创造价值方式的调整与改变形成新商业模式,以实现商业模式的创新
潘柳榕	2023	自主研发和外部引进技术进步路径介入效率型和新颖型商业模式对企业价值创造的提升显著;相同技术进步路径介入条件下,新颖型商业模式创新对企业价值创造的提升高于效率型商业模式;自主研发及其滞后期技术路径介入不同商业模式创新对企业价值创造的提升效果相当,外部引进及其滞后期技术路径介入新颖型商业模式对企业价值创造的提升明显

2. 技术创新学视角下的商业模式创新

随着互联网的不断发展,技术本身的创新已经无法满足企业发展的需要,于是学者们纷纷对商业模式创新展开研究,具体观点如表 2-21 所示。

表 2-21 技术创新视角

学者	年份	观点
Chesbrough	2006	从技术创新学的视角来看，商业模式创新对于技术创新非常重要。也就是说，企业成功地进行商业模式创新可以对多方面发展起到重要作用，但单单是某方面如技术创新、产品创新等的成功实现并不能保证商业模式创新的成功实现。对于商业模式创新的研究，大多重在"创新"二字上。但从创新这个概念出发，按照不同的标准可将创新分为不同的类型。而商业模式创新与类似产品创新、流程创新等习惯的创新类型划分不同
Tidd、Bessabt	2012	从创新角度出发，商业模式创新是一种非连续性创新
谢德荪	2012	从本质上对创新进行分类，分为科技创新和商业创新，其中科技创新指的是自然规律方面的新发现，称为"始创新"。进一步地，把商业创新理解为"创造新价值"，从中又可以进一步细分为"流创新"和"源创新"，并且认为"源创新"更贴合商业模式创新的属性
刘建刚、钱玺娇	2016	在"互联网+"战略驱动下，技术创新和商业模式创新能够相互作用、融合共进，持续快速提升企业的协同创新能力和核心竞争能力，为企业带来非同凡响的创新绩效
李辉、梁丹丹	2020	数字技术重构了交易模式，催生了新业态和新平台，促使企业的业务流程、产品理念、思维模式、组织结构等实现全面转型。企业数字化转型要立足企业发展规模和阶段，实行差异化转型模式，推进基于消费者增权的商业模式创新，打造具有快速反应能力的敏捷组织，资产管理重点由物理资产向数据资产转变
张省、杨倩	2021	企业的数字技术能力具有原动力作用，但必须借助商业模式创新才能实现企业可持续盈利的目的
仝自强、李鹏翔、杨磊、王晟锴	2022	对于后发企业而言，商业模式创新与技术创新之间可以互补，而非互替关系，二者间的匹配性对后发企业绩效提升具有增强型交互作用
高长春、于子维	2023	利用式技术创新与新颖性商业模式创新对于企业绩效存在正向影响；探索式技术创新与效率性商业模式创新对于企业绩效也存在正向影响，但是影响较弱；新颖性商业模式创新与探索式技术创新对于企业绩效存在负向影响；效率性商业模式创新与利用式技术创新对于企业绩效存在负向影响，且影响较强

3. 战略学视角下的商业模式创新

从变革的角度来看，可以认为商业模式创新是企业的一种变革方式，其中的问题主要是两类，如何改变自己的商业模式以及这种改变背后的结果是什么，如表 2-22 所示。

表 2-22　战略学视角

学者	年份	观点
Hamel	1998	商业模式创新是一种战略上的创新，能通过为顾客创造新价值和为利益相关者创造新财富而重构行业现行商业模式
Bock	2010	商业模式创新是一种全新的变革过程，和其他类型的组织创新有所不同，是一种企业层面开发利用新机会的过程
刁玉柱	2010	商业模式创新以战略分析与选择为起点，以技术、知识及组织创新为主要动力，以价值链的升级转换为本质逻辑，以企业系统间的因果关系为内在机理
荀启明、李巍	2015	在商业模式创新过程中，只有创新型文化显著驱动战略柔性，而结构模块化对战略柔性具有负向作用，市场导向文化与结构扁平化对战略柔性并无显著影响
周琪等	2020	企业的战略导向驱动商业模式创新
程宣梅、杨洋	2022	数字化显著调节商业模式创新与战略柔性之间的关系，也显著调节商业模式创新经由战略柔性影响企业绩效的间接效应，企业的数字化程度越高，商业模式创新通过战略柔性影响企业绩效的作用就越强
廖素琴、胡倩莹	2023	企业应该关注战略敏捷性视角下各个因素之间相互作用形成的联动效应，用系统性的视角来看待商业模式创新的前因条件，避免过分关注某一因素而忽略了其他重要的方面
高长春、于子维	2023	利用式技术创新与新颖性商业模式创新对于企业绩效存在正向影响；探索式技术创新与效率性商业模式创新对于企业绩效也存在正向影响，但是影响较弱；新颖性商业模式创新与探索式技术创新对于企业绩效存在负向影响；效率性商业模式创新与利用式技术创新对于企业绩效存在负向影响，且影响较强

三、商业模式创新的途径

企业或者机构要进行商业模式创新，必须思考进行商业模式创新的途径。目前学者们认为商业模式创新的途径大致有以下 6 种，包括对产品／服务进行重新定义等。

1. 对产品／服务进行重新定义

对产品／服务进行重新定义，认为企业需要联合更多的参与者和更多的产品／服务为顾客提供更多的价值。能引致消费者多维需求的因素包括新技术发展、收入水平的提高等。对于企业来说，企业越来越愿意基于共同顾客群提供组合产品（Timmers，1998；Chesbrough 和 Rosenbloom，2002）。不同的产品或服务组合成的产品与单一的产品或者服务相比有不可比拟的价值，可以使企业在定价的时候有更大的灵活性。

2. 提供特别的产品／服务

企业的产品／服务若具有一定的独特性，那么它就具有了吸引顾客的可能条件。也就是说，企业可以在产品／服务上进行创新，从而吸引到一定的客户群。从顾客角度来思考，顾客会被吸引的一大重要因素就是企业的产品／服务具有差异性，一方面可以满足顾客的某些消费心理，另一方面可以满足市场的需求，由此使企业具备一定的竞争优势，从而更有效地保护利润流。

3. 改变提供产品／服务的路径

通过改变产品／服务的分销渠道来改变提供产品／服务的路径。分销渠道的改变，在一定程度上可以激活产品／服务的流通或者提高知名度。通过此方式来创新商业模式的根本逻辑在于提高产品的附加值或分销的效率。

4. 改变收入模式

企业的收入模式即企业的商业模式如何为其取得利益。首先要考虑的是收入的介质，也就是选择什么产品／服务来获得收入。其次要考虑交易方式，也就是通过什么样的方法和渠道取得收入。再次要考虑计费方法，也就是如何定价的问题。企业如果能与竞争者形成差异，就往往会使其获得新的利润来源。

5. 改变对顾客的支持体系

越来越个性化的顾客需求对企业发展是一种挑战，企业应该建立相关体系来处理顾客的要求和投诉。此外，企业还应对顾客提供诸如技术、服务等多方面的支持。

6. 发展独特的价值网络

价值链在竞争愈加激烈的环境中有一定的不稳定性。企业需要在价值链之中选择一个合理的位置，发展与各方之间的联系，发挥协同效应。一个企业如果可以包含独特的价值网络，便实现了商业模式的创新。

第六节　本章小结

首先，阐释了本书涉及的其他相关理论如商业模式创新理论、产学研协同创新理论、组织行为学以及战略管理理论，以期为后面的研究打下基础。其次，就研究中所包含的概念及其有关变量的理论问题做了研究总结，介绍了关于自变量政府扶持和资源整合、中介变量协同创新及因变量商业模式创新的相关研究。

在商业模式创新的研究上，总结了学者们关于商业模式概念的演进、商业模式创新与学科的融合以及商业模式创新的途径的研究。总体上，商业模式的概念是随着时代不断发展演变的，它与学科的融合也是颇具特色的，可以说，商业模式创新在企业中的地位是非常高的。因此，商业模式创新的途径也成为学者们研究的重点。

在政府扶持的研究上，从政府扶持的概念、方式以及影响方面归纳总结了学者们的观点，多数学者认为政府扶持对企业发展有直接或间接的促进作用。

在资源整合的研究上，归纳总结了学者们关于资源整合的定义及分类、影响因素以及效果的相关观点。可以发现，学者们关于资源整合的定义或多或少有相似的地方，对于资源整合对企业发展的作用也基本持积极态度。

在协同创新的研究上，从内涵、动因及模式三方面入手，阐述学者们的研究成果。协同创新在企业发展中的应用之广是学界公认的。

综合来看，尽管学者们对各变量的研究颇丰，但现有研究很少针对新型研发机构展开相关变量的探讨，更鲜有探讨政府扶持、资源整合、协同创新以及商业模式创新四者之间的关系。

第三章

扎根理论分析

本书在研究过程中选择了3个较具典型性的案例机构。一方面，3家机构规模较大，发展良好；另一方面，3家机构在政府扶持、资源整合、协同创新与商业模式创新方面的资讯较为全面。本章对3家样本机构进行了详细介绍，而后分析收集到的资料，按照各变量的顺序分别进行开放式编码和选择性编码，最后进行汇总。在经过扎根理论的分析之后，还对政府扶持对商业模式创新的影响、资源整合对商业模式创新的影响、协同创新在政府扶持与商业模式创新之间的中介作用、协同创新在资源整合与商业模式创新之间的中介作用的机理进行剖析。

第一节 案例研究方法

案例研究是一种实地调查的方法，首先需要研究者选择合适的案例，而后进行数据收集，最后分析资料并撰写报告。

案例研究既可以采用定性材料，也可以采用定量材料，抑或是定性材料和定量材料相结合。案例分析方式有其弊端，但之所以被采用，是因为在特定情形下它作为一个比较恰当的手段，强调了应用性。案例研究方法只是一个初步的科学研究手段，并不能进行科学说明或者解释研究，每个实验方案都可能服务于3个目的即发现、表达和解释,既可以是探究式个案研究、描述式个案研究、阐释性个案研究,又可以是研究能力试验、描述式研究法试验、解释性试验。所使用的案例研究工具并不局限于案例等级,还要根据不同方案的适应性做出选择。

第二节 案例研究步骤

案例研究法是实地研究的一种,可以解决"如何改变""为什么变成这样"及"结果如何"等研究问题,同时涵盖了独特的设计工作逻辑、专门的资源搜集,以及特殊的资源分析方法。可以通过实际观测行为,也可以利用研究文件来收集资料。案例研究的基本步骤包括选择案例、收集数据、分析资料和撰写报告。

1. 选择案例

案例研究中选择案例的原则通常与研究的目标以及研究中需要解决的课题密切相关,这就决定了什么样的属性能为案例研究提供有价值的信息。案例研究中可能使用几个项目,或者使用另外几个项目。单个案例分析既可以用来证明或挑战某个概念,也可以用来分析某个特殊的或更极端的事件,而多个案例分析的主要优势在于,其包含着两种分析阶段——个案分析和交叉个案分析。前者是将每一个案件都当作单一的整体加以全面的描述,而后者则是在前者的基础上把全部的个案加以统一的抽象与概括,从而得到更精辟的说明与更有力的阐述。

2. 收集数据

案例研究的主要数据来源分为6类：①文件；②档案记录；③访谈，访谈可以分几种形式，其中最普遍的是开放式的，其次是焦点型的，还有的则扩展至正式的问卷，限制在更为结构化的提问上；④直接考察，即学者实地探访个案研究的地点；⑤参加考察，此时学者并不作为一个被动的旁观者，而是实际上介入进行调查的事情当中；⑥实体的人造物，实体的或是文化的人造物是最后一个证据源。

3. 分析资料

资料研究可以包括检视、排序、列表，或者以其他方式整理资料，来寻找研究初始的命题。在研究资料以前，学者必须确立自己的研究策略，也就是必须预先知道要研究什么，以及为什么要研究的优先级。而具体可采取的研究策略可以包括以下两种情形：其一，基于研究对象的问题。案例研究一开始很可能就以已定义的命题为依据，这些命题可能反映了一个研究概念、新的概念，或者资料回顾的结论。也因为材料的收集策略必须是基于问题而提出的，所以问题也可能就确定了相关研究策略的优先级。其二，对个案的叙述。必须建立一个叙述框架来进行个案研究。并不是说这种方法比理论命题的方法好，而是在理论问题并不存在时，还有一个可能使用的替代方法。

4. 撰写报告

待访谈与分析过程结束，便可以进行撰写报告的过程。撰写此类报告并没有统一的格式要求，但学界往往采用和案例研究过程有匹配度的格式，一般来说是背景描述，对特定问题、现状的说明与分析，分析与探讨，小结与建议。

第三节　研究设计

本研究首先确定了相关的研究问题，提出理论预设。同时查阅了大量文献，初步对新型研发机构的商业模式创新有了整体认知，并进一步确定本书的理论预设。

新型研发机构作为国家创新战略的重要执行者，其发展关乎多方利益。在此背景下，探究新型研发机构商业模式创新是非常有必要的。政府扶持会对商业模式创新有什么样的作用？因素资源整合又对商业模式创新起什么作用？协同创新在其中扮演着什么样的角色？本书试图通过扎根理论分析对这些关系进行大致梳理。基于文献研究和理论分析，本研究对主要变量之间可能存在的相互关系进行了预设。

在实际研究中，不存在绝对理想的案例数目，案例研究的质量往往不能由案例的数量多少来决定。具体到本研究来说，过程研究的深度和复杂度往往会限制案例的数量，因此过程研究的案例数量不宜过多。综上所述，本研究选取了3个案例来进行扎根理论分析。

一、案例选择

案例分析法对案例文章的写作必不可少，这个方法不但被广泛应用于论文写作，同样在教学、企业调研中也被经常用到。案例分析法主要是利用发生在公司中的实际案例加以分析，找出产生问题的根本原因，优点在于不用经常性地往返于公司进行调查，能够节约大量的时间进行调查与分析，并且典型、生动的案例可以让其他未能亲见企业的专家通过案例给予一定的指导和意见，提升研究的权威性和科学性。

本书采用多案例研究方法，研究对象为新型研发机构，覆盖了事业单位、企业等多种法人所有制，机构规模相对庞大。简言之，本案例研究所选的3家机构样本综合了地域和规模等要素。

二、数据收集方法

本书中的扎根理论分析所采用的方法是深度访谈、文件调阅、直接观察以及媒体资料查阅等，数据多源收集的目的在于使得所收集到的数据更为全面和客观，便于对案例公司有相对全面的了解，且能避免受到主观视角的限制（Yin，2004）。在上述收集渠道中，文件调阅是本书的主要来源。这得益于样本企业的许多管理文件的起草和形成是在组织和领导下集体完成的，许多管理规范、流程制度等至今依然为企业所用。此外，进行访谈数据收集，需要与样本企业建立较高的互信关系，从而提高收集信息的客观性和可靠性。

1. 事件分析法

本书在研究中收集了大量关于企业的资讯信息，并从年报中获取了大量案例企业的客观数据。具体地，在研究中以时间为主线，依次梳理出案例企业在每月中的项目经营，再对这些活动进行深入分析和分类编码。

2. 技术处理

针对年报等数据源可能存在的"选择性偏差"和"描述性偏差"的局限（King 和 Soule，2014），本研究也针对性地采取了措施以降低偏差。一方面，本研究选取的公司年报出刊频率较高（一周出刊均在3次以上），有利于降低选择性偏差；另一方面，除了公司年报等之外，研究人员在编码的同时参考了访谈数据、各类文件档案记录、直接观察数据等多源数据，形成了三角检证。通过此种方法降低偏差早有先例，King 和 Soule 在 ASQ 上发表的研究就是通过上述方法成功降低了年报等数据源的偏差，保证了数据的质量。

三、数据分析方法

按照 Glaser 和 Strauss（1998）的观点，数据的收集和分析经常是重叠在一起的，而非彼此分立。本研究首先将所有的资料按照理论预设来分类并编码。信息包括机构的基本信息、机构政府扶持、机构资源整合、机构协同创新、机构商业模式创新等主要构念。在这些构念之下进一步发展出变量维度，同时对它们进行更进一步的编码。依照 Eisenhardt（2007）的建议，本研究将理论构建分解成几个假设，然后利用案例资料和事实来逐个检验是否一致，作为接受或拒绝接受假设的标准，最后利用对各部分和假设之间的结构关系的描述刻画来构建理论框架。

第四节　样本机构介绍

本节涉及的机构包括肇庆市华师大光电产业研究院、清远高新华园科技协同创新研究院及广东华中科技大学工业技术研究院。

一、肇庆市华师大光电产业研究院

肇庆市华师大光电产业研究院是肇庆市人民政府与华南师范大学校地合

作共建的省级新型研发机构，2018 年正式入驻肇庆市高新区创新创业科学园，主要从事储能材料及器件、氢能、微流控、低维纳米材料、实验动物等方面的研发及企业孵化。在放大华南师范大学优势学科的同时，机构发挥光学国家重点学科优势、国际化创新平台优势作用，实现创新成果产业化。

目前研究院已形成 70 人左右的精简高效的研发和管理团队，其中技术研发人员 47 人，高学历人才（硕博）占比 57%。拥有国家级人才 4 人，广东省领军人才 2 人，广东省杰出人才 1 人。在平台建设方面，研究院在 2018 年获批广东省省级新型研发机构（肇庆市高新区第一批）等科研平台、2019 年获批广东省博士博士后创新基地（广东省 100 个博士博士后创新平台称号，肇庆市唯一）2020 年通过国家检验检测机构资质 CMA 认定、2021 年获批广东省先进储能材料与系统工程技术研究中心。研究院获批肇庆市首个也是目前为止唯一一个"珠江人才计划"创新团队（肇庆市唯一）、"珠江人才计划"领军人才（肇庆市唯一）、"珠江人才计划"杰出人才（肇庆市唯一）等国家和省级人才项目。承担/参与国家、省级和市级科技项目 24 项。累计申请发明专利 322 件，申请 PCT7 件，其中获授权发明专利 109 件；累计发表 SCI 论文 130 篇。在引进孵化方面，产研院累计引进孵化企业 28 家，其中 5 家为引进或孵化的典型高质量企业，包括国家高新技术企业 3 家，省领军人才项目孵化企业 1 家，肇庆高新区"123 鲲鹏计划"领军人才项目孵化企业 1 家。引进或孵化企业的产品已经进入华为、上海汽车集团、海康威视等企业，企业累计销量突破 1 亿元。孵化企业火丁智能照明（广东）有限公司荣获 2020 年第九届中国创新创业大赛（广东赛区）成长企业组优胜奖、2021 年第十届中国创新创业大赛（广东·肇庆赛区）成长企业组优胜奖，并获肇庆市创新百强企业称号。

二、清远高新华园科技协同创新研究院

清远高新华园科技协同创新研究院是清远国家高新区管委会与华南理工

大学合作共建"华工清远高新区科技产业协同创新平台"所属的建设与运营管理实体单位。研究院采用"1园+2院+1站+N中试基地+1产业基地"的成果转化模式和"平台+实体公司+项目公司（1+1+N）"三位一体的企业孵化模式，重点开展以新材料为主、涵盖智能制造和新一代信息技术的战略性新兴产业，是集技术研发、成果转化与检验检测等功能为一体的省级新型研发机构、第三方检验检测机构和公共技术服务平台，为清远产业提供技术支持和服务，促进清远产业转型升级。

目前，研究院已获得国家博士后科研工作站（分站）、国家检验检测机构资质认证（CMA资质）、广东省新型研发机构、广东省博士工作站、广东省科技专家工作站、清远市工程技术研究开发中心和清远高新区十佳创新平台等多项荣誉资质。

三、广东华中科技大学工业技术研究院

广东华中科技大学工业技术研究院是东莞市政府、广东省科技厅和华中科技大学于2007年联合共建的公共创新平台，按照"事业单位、企业化运作"的模式组建，形成了"三无三有"的机制特色，被誉为全国新型研发机构的典型代表，2022年正式获批成为粤港澳大湾区国家技术创新中心分中心。研究院建设了一支600余人的技术团队和800余人的产业化团队，获批1支国家重点领域创新团队、7支广东省创新团队。先后发起全国数控一代机械产品创新应用示范工程，建设全国注塑机伺服节能改造示范点，建设国家首批智能制造示范点并被选为交流会唯一示范现场，获批国家首批先进制造业集群促进机构（全国23家之一），代表东莞市智能移动终端集群决赛胜出（全国首批15个之一）。相关成果获得国家技术发明二等奖、广东省科技进步特等奖、广东省技术发明奖一等奖（全省5个之一），是华为、格力等世界500强企业核心供应商，为20000余家企业提供高端技术服务。研究院自主打造

了"华科城"科技企业孵化园区,已建设了12个园区,其中建成5个国家级孵化器(全国前十)、4个国家级众创空间。累计孵化高科技企业1448家,其中科技成果转化创办企业73家,持股企业在创业板及科创板主板上市11家,过会企业3家,上市后备企业5家,国家高新技术企业142家,新三板挂牌企业8家。

第五节 资料分析与编码

遵循"扎根范式"的严格步骤,在获取资料之后,该方法步入实质性的过程,即编码。资料的编码过程主要使用Xmind软件,并对编码进行整理,提炼核心概念和核心范畴。本研究的核心概念为"新型研发机构商业模式创新"。首先进行开放式编码。得到235个编码支持,抽象出3个能解释"新型研发机构商业模式创新"的核心范畴。其次是选择性编码。在选择性编码阶段,对3个核心范畴多次抽象定义、比较,并增补相应数据资料使之完全饱和。最后,3个核心范畴得到4层241个编码,达到饱和程度。

核心范畴以及支持编码,如表3-1所示。

表3-1 核心范畴及支持编码

核心范畴	开放式编码(层级)	选择性编码(层级)
政府扶持	101(3)	103(4)
资源整合	54(3)	56(4)
协同创新	80(3)	82(4)

一、政府扶持

政府扶持政策是国家利用行政手段，通过资源再分配促进经济均衡发展的重要方式。我国上市公司规模、行业差距较大，单纯依靠市场进行资源配置，有时也会出现市场"失灵"，这在一定程度上限制了企业价值的提升。国家通过发放政策性资金补助和制定相关扶持政策促进行业产业均衡发展，是各国的普遍做法，并被实践证明是有效的。政府政策性资金补助作为无偿的外部资金流入可以缓解企业资金紧张困境，使企业拥有更多的资金投入生产运营中，为企业实施中长期发展战略提供了资金保障。

本研究中"政府扶持"的部分数据，如表 3-2 所示。

表 3-2 "政府扶持"部分数据

数据	编码
机构 A：机构的成立有政府参与，整体的氛围是比较积极的，可以满足部分地方经济发展的需要。自成立以来，公司获批了省内的许多项目，如省级自然科学基金等。机构的平台相对也比较成熟，先后获得市级新型研发机构和省级新型研发机构称号，建成了省级博士后创新实践基地……	机构由政府合作共建 创新氛围积极 机构服务地方经济 机构获批多项地方团队计划建设 机构获批项目支持
机构 B：机构的成立有高校参与，也有地方政府的参与。自运营以来，机构获得了许多地方荣誉，比如省级新型研发机构称号、地方科技企业孵化器培育单位称号等。机构在高性能高分子材料领域深耕，致力于将平台打造为粤东西北地区校地合作的典范，环粤港澳大湾区领先、国内一流的新型研发机构和公共技术服务平台……	平台建设方面获得省市级扶持 机构建成省级博士后创新实践基地 机构由地方政府与高校共同建立 机构具有公共性 机构是省级机构
企业 C：由省政府批准成立、市政府举办的、唯一一家冠以"××省"的机器人与智能制造领域的新型研发机构，以及科技企业和科技项目培育、孵化、加速机构……	机构获得数项省市级荣誉 机构致力发展典范平台 机构获批国家智能制造示范点

通过对数据进行编码，可将"政府扶持"从政策支持和财政扶持两方面来解释。政府扶持的表现，或是政府通过制定相关的政策为相关企业提供一定的便利，或是政府通过提供一定的财政扶持为企业带去一定的资金来源。

政策支持通常是指政府通过制定政策来帮助某一行业或某一类企业的举动，包括制定税收优惠政策等。政府的政策支持有助于企业树立良好的社会形象。

财政扶持主要是指政府以财政补贴、政府采购等手段对相关企业进行一定的扶持。政府的财政扶持往往能为企业带去一些资金上的直接帮助，或是缓解企业的资金压力，或是增加企业的相关投入。

开放式编码中涌现的核心范畴"政府扶持"得到3层共计101个编码支持，如表3-3所示。

表3-3 核心范畴"政府扶持"开放式编码

核心范畴	范畴	三级编码
政府扶持	政府认可	由政府合作共建 获省市级领导关心 获得数项省市级荣誉 所建设中心参与多项省市级科研项目 机构是省级机构 是国家级创新创业示范基地 地方政府鼓励协同创新 获批国家智能制造示范点
	财政帮助	获批多项地方团队计划建设 获批项目支持 平台建设方面获得省市级扶持 获得政府补贴

续表

核心范畴	范畴	三级编码
资源整合	政策倾斜	研发的项目获批国家工业转型升级强基工程 能够参与国家相关专业领域的重大战略规划实施 受地方委托牵头建设地方专业研究院 得到省级政府指导与支持 地方鼓励高校和企业共建协同创新服务平台 依托地方人才政策优势引进创新型人才
协同创新	政府参与	机构在国家实施重大战略中发挥了重要作用 机构主持或参与各类政府项目 机构性质可保障政府初期投入建设经费的合法性 为地方产业发展的人才保障和智力支撑提供了帮助 为机构提供多项服务 提高地方技术整体自主创新能力 助力提升地方产业自主创新能力 协助地方建设 与地方共建示范点 打造了地方品牌系列孵化器

开放式编码后，进入选择性编码过程，对"政府扶持"支持数据进一步抽象对比，得到4层共计103个编码的支持并实现饱和，如表3-4所示。

表 3-4 核心范畴 "政府扶持" 选择性编码

核心范畴	副范畴	范畴	概念
政府扶持	政策支持	政府认可	由政府合作共建 获省市级领导关心 获得数项省市级荣誉 所建设中心参与多项省市级科研项目 机构是省级机构 是国家级创新创业示范基地 地方政府鼓励协同创新 获批国家智能制造示范点
		政策倾斜	研发的项目获批国家工业转型升级强基工程 能够参与国家相关专业领域的重大战略规划实施 受地方委托牵头建设地方专业研究院 得到省级政府指导与支持 地方鼓励高校和企业共建协同创新服务平台 依托地方人才政策优势引进创新型人才
	财政扶持	财政帮助	获批多项地方团队计划建设 获批项目支持 平台建设方面获得省市级扶持 获得政府补贴
		政府参与	机构在国家实施重大战略中发挥了重要作用 机构主持或参与各类政府项目 机构性质可保障政府初期投入建设经费的合法性 为地方产业发展的人才保障和智力支撑提供了帮助 为机构提供多项服务 提高地方技术整体自主创新能力 助力提升地方产业自主创新能力 与地方共建示范点 打造了地方品牌系列孵化器

二、资源整合

资源整合是一个复杂的动态过程。资源是能力的基础，构建动态能力同样也需要有价值的、稀缺的、不可模仿的和不可替代的资源。经过整合的资源规避了静态资源的缺点，使资源不断地进行更新与匹配，形成新的资源，由此形成的动态能力将会源源不断地为企业带来竞争优势。

在对受访机构的了解过程中，发现资源整合对提高商业模式创新的效率尤为重要。各种资源包括财务资源、人力资源等的调配、使用，是机构能否开展商业模式创新的重要条件，关乎商业模式创新是否能开展、是否能及时得到反馈、是否能实时调整方向。因此，本书将影响新型研发机构商业模式创新的因素之一概括为"资源整合"，相关数据如表3-5所示。

表3-5 "资源整合"部分数据

数据	编码
机构A：机构积极响应国家"一带一路"倡议，与哈萨克斯坦高校展开以创新和前沿研究发展为目标的教育与研究领域的合作，包括建立国际高性能电池联合研究实验室、建立促进双方科学家和工程师研究和教育的先进平台、培养和提高研究生教育水平……	机构充分利用国家政策 机构与国外高校合作研究 机构拥有国际实验室 机构支持与合作方共同建立提高双方科学家和工程师研究和教育的先进平台 机构致力培养和提高人才水平 机构共享研究专业知识以及基础设施和设备仪器
机构B：机构作为地方与高校共建的平台，借助资源优势，对接高校、科研院所专家教授等的基础研究成果输入平台，补充地方产业基础研究短板。机构积极推动科技成果转化，建立创新机制推动科技成果转化，打通成果产业化通道，依托科技创新园、地方人才驿站等创新资源，打造线上线下相结合的新材料公共技术服务平台。整合地级市新材料产业资源，推动产业共性技术创新攻关，促进企业资源整合和现代化管理……	机构促进高附加值创新产品开发 机构充分利用高校资源优势 机构积极推动科技成果转化 机构能有效依托各项资源建立公共平台 机构整合地方专业领域产业资源 机构推动产业共性技术创新攻关 机构促进企业资源整合和现代化管理
企业C：创新性地融合了电气化、智能化和车联网三大技术，是未来城市个人短程交通的最新解决方案，使未来城市交通实现零油耗、零排放、零堵塞和零事故。政校企协四方联动，搭建政府服务、技能培训、市场拓展、产业发展等平台，形成良好的产业服务环境……	机构创新性地融合各种技术 多方有效联动能够促进形成良好的产业服务环境

在访谈结果的基础上,对新型研发机构的商业模式创新进行开放式编码。随着对开放式编码的归纳提炼,其中涌现出一个核心范畴"资源整合",得到3层54个编码支持,如表3-6所示。

表3-6 核心范畴"资源整合"开放式编码

核心范畴	范畴	三级编码
资源整合	人才管理	带头人科研经历及相关工作经验丰富 负责人具备较高的专业造诣 引进高层次创新创业人才团队 引进专家教授团队 不断建设研究中心 多措并举调动人员积极性 加强人才交流互动
	技术优势	具有自主知识产权 有力地补充了地方产业基础研究短板 积极探索成果的快速转化 不断提高创新创业资源融通效率 利用"科技金融"加速科技成果转化效率 打造智能制造创造中心
	资源共享	共享研究专业知识以及基础设施和设备仪器 多方优势互补,资源共享 充分利用高校资源优势 能有效依托各项资源建立公共平台 依托高校优势运作 实验室能够实现资源共享、互惠互利
	整合成果	学术成果丰富 学术研究及科研创新平台成就颇丰 拥有较多专利 能够有效地开展业务

由此,对于核心范畴"资源整合"由开放式编码阶段进入选择性编码阶段,通过进一步抽象对比,共得到56个编码,如表3-7所示。

表 3-7 核心范畴"资源整合"选择性编码

核心范畴	副范畴	范畴	概念
资源整合	资源管理	人才管理	带头人科研经历及相关工作经验丰富 负责人具备较高的专业造诣 引进高层次创新创业人才团队 引进专家教授团队 不断建设研究中心 多措并举调动人员积极性 加强人才交流互动
		资源共享	共享研究专业知识以及基础设施和设备仪器 多方优势互补，资源共享 充分利用高校资源优势 能有效依托各项资源建立公共平台 依托高校优势运作 实验室能够实现资源共享、互惠互利
	整合绩效	技术优势	具有自主知识产权 有力地补充了地方产业基础研究短板 积极探索成果的快速转化 不断提高创新创业资源融通效率 利用"科技金融"加速科技成果转化效率 打造智能制造创造中心
		整合成果	学术成果丰富 学术研究及科研创新平台成就颇丰 拥有较多专利 能够有效地开展业务

三、协同创新

科技创新是世界各国提升国际竞争力的关键因素，产学研协同创新是推动国家创新驱动战略发展实施的重要选择。从国家发展的视角来看，产学研协同创新是经济、社会发展的重要基础，是建设创新型国家的关键，已成为国民经济和社会发展的重要支柱。

协同创新既是经济发展的有力工具，也是新型研发机构能否实现商业模式创新的关键。其中，知识协同是协同创新的核心，协同的本质是各类知识的碰撞；战略协同表示机构对风险、利益、发展等方面的观念上的一致。通过对访谈数据进行分析，本书得到了能够解释新型研发机构的另一核心范畴"协同创新"，包括知识协同、战略协同两个方面，部分数据如表3-8所示。

表3-8 "协同创新"部分数据

数据	编码
机构A：机构多次组织各类交流活动，其中包括学术研讨会、座谈会、交流会、成果发布会、揭牌签约仪式等。机构在协同方面能够得到更多内部人员的支持，大家在价值观方面有相对一致的想法，机构管理人员相对比较好开展工作。特别是在机构发展关键期，大家能团结一致，有效地开展工作，这为机构的发展增添了许多动力……	举办组织各类交流活动，成果颇丰 机构利用科研团队开展协同创新 机构人员的价值观一致 机构人员团结一致
机构B：机构建立企业与高校信息传递快速通道，将企业对技术的需求快速传递到高校、科研机构，利用科研团队开展联合技术攻关、协同创新，最终实现成果快速转化。机构的成长离不开机构内人员的共同出力，特殊时期，成员们不约而同地为机构发展尽自己的一份力，这也是因为大家对机构发展的观念有大致一样的想法……	机构最终实现成果快速转化 机构形成协同创新体制机制 机构成员能够互相配合好工作
机构C：机构虽是事业单位，但同时兼有企业性质，独特的体制设计，使得机构在协同创新方面有所建树。机构的管理人员平时会积极收集大家的意见，及时改善管理。难得的是，管理层对于机构发展战略的看法相对一致，因此，机构内部较少出现比较大的分歧，这也是机构快速发展的秘诀之一。机构内各部门、各层级之间能够做到较好的配合，给机构发展省去了不少麻烦。同时，这也证明了协同在机构发展中占据着重要的地位……	得益于体制设计，机构在协同创新方面取得较快发展 机构对外有一致的战略 机构部门之间配合良好

在访谈数据的基础上，本书对"协同创新"这一核心范畴进行开放式编码，得到3层共80个开放式编码支持，如表3-9所示。

表3-9 核心范畴"协同创新"开放式编码

核心范畴	范畴	三级编码
协同创新	知识共创	支持联合前沿研究以及其他学术活动的展开 支持与合作方共同建立提高双方科学家和工程师研究和教育的先进平台 举办组织各类交流活动，成果颇丰 与国外高校合作研究 与其他机构或企业进行仪器共享和第三方检测服务 积极推动服务升级
	协同观念	机构人员的价值观一致 机构人员团结一致 机构对外有一致的战略 发扬高校办学理念
	人才培养	积极开展人才交流活动 不断强化做好人才服务及人员激励工作 通过完善激励体系激活人才创新活力 重视高素质、高技能、创业型专门人才 孵化以学生创新团队为主体的企业
	创新成果	持续提高科研水平 持续推出新科研成果 推动产业共性技术创新攻关 有助于加强地方科技创新合作与人才交流互动 建成协同创新中心 多方主体协同合作，提高了研究效率 多方主体合作有利于机构拥有充足的、源源不断的自我造血和资金保障 所研究技术在重点企业推广应用 得益于体制设计，机构在协同创新方面取得较快发展
	战略成效	开展研究以实现智能装备的优化升级和国产替代 业务范围广泛 校地合作有序推进 为众多企业提供高端技术服务 孵化多家企业

在开放式编码的基础上,进一步对核心范畴"协同创新"进行选择性编码。协同创新的效率在一定程度上代表了新型研发机构的管理实力,也能从中窥见商业模式创新成功的可能性大小。核心范畴"协同创新"共得到3层82个选择性编码支持,如表3-10所示。

表3-10 核心范畴"协同创新"选择性编码

核心范畴	副范畴	范畴	概念
协同创新	知识协同	知识共创	支持联合前沿研究以及其他学术活动的展开 支持与合作方共同建立提高双方科学家和工程师研究和教育的先进平台 举办组织各类交流活动,成果颇丰 与国外高校合作研究 与其他机构或企业进行仪器共享和第三方检测服务 积极推动服务升级
		人才培养	积极开展人才交流活动 不断强化做好人才服务及人员激励工作 通过完善激励体系激活人才创新活力 重视高素质、高技能、创业型专门人才 孵化以学生创新团队为主体的企业
		创新成果	持续提高科研水平 推动产业共性技术创新攻关 有助于加强地方科技创新合作与人才交流互动 建成协同创新中心 多方主体协同合作,提高了研究效率
	战略协同	协同观念	机构人员的价值观一致 机构人员团结一致 机构对外有一致的战略
		战略成效	开展研究以实现智能装备的优化升级和国产替代 业务范围广泛 校地合作有序推进 为众多企业提供高端技术服务 孵化多家企业

四、编码汇总

创新是发展的重要动力，对新型研发机构而言更是如此。产品创新、技术创新等可以为机构带来某一时期的收益，但长期的发展必须依靠机构在商业模式创新上的突破。不论是来自机构外部的政府扶持，还是机构自身所拥有的资源整合能力和协同能力，都是机构思考商业模式创新必须要考虑的因素。机构进行商业模式创新，主要考虑两个方面，即创新路径和创新绩效。其中，创新路径代表的是机构通过什么路径实现创新，创新绩效则考察的是机构进行商业模式创新所取得的成效。

通过对新型研发机构商业模式创新影响因素的开放式编码和选择性编码，经过斟酌得到"政府扶持""资源整合""协同创新"3个核心范畴。其中，政策支持、财政扶持是机构政府扶持的重要体现，对应着政府扶持的副范畴；与资源整合对应的副范畴是资源管理、整合绩效；与协同创新对应的副范畴是知识协同和战略协同。如表3-11所示。

表3-11 核心范畴及副范畴汇总表

核心范畴	副范畴
政府扶持	政策支持
	财政扶持
资源整合	资源管理
	整合绩效
协同创新	知识协同
	战略协同

第六节　新型研发机构商业模式创新影响机理

本书通过对新型研发机构进行调研和访谈，获得了大量访谈资料，经过分析，利用 Xmind 软件将访谈资料逐级编码。在编码的过程中可以发现，新型研发机构的商业模式创新，普遍能接受到来自政府的帮助，而政府的扶持或多或少缓解了机构的运营压力。机构自身的资源整合能力、协同创新能力的强弱在一定程度上表示了机构的抗压能力。下面，通过仔细分析访谈资料，对由扎根理论归纳总结得出的各核心范畴之间的作用机理进行详细阐述。

第一，政府扶持对商业模式创新的影响。在政府扶持中，对新型研发机构有最直接影响的便是政府的政策支持。政府通过制定税收优惠等政策来给予机构便利，在一定程度上可以给机构的商业模式创新带来直接的积极影响。政府扶持的财政扶持维度，则一般代表政府通过补贴、直接采购等方式对企业实行的帮助，这类行为往往可以为企业发展提供一定的便利。因此可以认为，政府扶持的力度越大，企业的商业模式创新越有可能取得相对好的效果。

第二，资源整合对商业模式创新的影响。资源整合的效果如何在一定程度上取决于机构的资源管理能力如何。机构如果能管理好机构内外部的各项资源，其对资源的整合能力便也能从中窥见端倪。资源整合的整合绩效可以最直观地表示机构资源整合的效果。资源整合效果如何，一方面决定了机构是否可以及时调配资源以供商业模式创新，另一方面也决定了机构是否能在维持自身运营的情况下成功做到商业模式创新。因此，资源整合能力越强，越可能对商业模式创新产生积极的影响。

第三，协同创新在政府扶持与商业模式创新之间的中介作用。机构所得到的政府扶持，一方面可以直接作用于商业模式创新，例如直接增加创新资本等；另一方面，政府扶持可以通过作用于协同创新间接对商业模式创新产生影响。政府扶持同样可以对机构的协同创新产生作用，通过协同创新将协同效用所可能产生的利益在商业模式创新上发挥出来。

第四，协同创新在资源整合与商业模式创新之间的中介作用。协同效用的发挥在机构外部表现为与各主体之间良好的协调配合，在机构内部则可以表现为机构对资源整合的整体把握程度。如果机构资源整合效果好，就可以使机构的协同效应被更好地发挥出来，从而作用于商业模式创新。简而言之，资源整合既可以对商业模式创新产生直接的影响，也可以通过协同创新作用于商业模式创新。

第七节　本章小结

本章明确了案例研究方法以及案例研究步骤，以便于开展研究工作，并对案例的选择、数据收集方法以及数据分析方法进行了说明。

本章运用扎根理论对所访谈的 3 家新型研发机构的资料进行分析。首先，对 3 家新型研发机构的基本情况进行简要介绍；其次，将访谈资料进行开放式编码，而后抽象对比得到选择性编码，得出核心范畴。为进一步明确政府扶持、资源整合、协同创新与商业模式创新四者之间的关系，仔细分析了新型研发机构商业模式创新的影响机理，分析得出政府扶持对商业模式创新、资源整合对商业模式创新、协同创新在政府扶持与商业模式创新之间的中介作用、协同创新在资源整合与商业模式创新之间的中介作用 4 项作用机理。通过扎根理论分析，初步探究了政府扶持、资源整合、协同创新与商业模式创新四者可能存在的关系，为下一步实证分析提供预设基础。

第四章

变量间的作用机理

在前人研究的基础之上，本书对新型研发机构中政府扶持、资源整合、协同创新与商业模式创新四者之间的关系做出了初步假设，分别是关于政府扶持与商业模式创新、资源整合与商业模式创新、政府扶持与协同创新、资源整合与协同创新，以及政府扶持、资源整合、协同创新与商业模式创新四者之间的关系的假设。

第一节　政府扶持与商业模式创新的关系探讨

政府扶持是政府援助企业发展的一种手段，对新型研发机构而言，政府颁布的政策可能影响着机构的资金使用情况、运营状况等。许多学者认为政府扶持能够促进企业的发展。例如有学者通过研究发现政府扶持政策对企业价值有显著的提升作用，且提升的边际效应呈"先升后降"的双门槛趋势（范亚东、曹秀霞，2020）。这表明，企业进行创新的原始积累可能会因为政府扶持而增多。此外，也有学者通过研究直接探讨了政府扶持对商业模式创新的作用。政府扶持对机构商业模式创新的帮助还体现在增强其他因素对机构创新的利好作用上。比如，区域技术市场的发展规模显著促进了区域科技创新的水平，而随着政府扶持力度的增强，技术市场规模对于区域创新能力的提升作用可以显著增强（周俊亭、席彦群、周嫒嫒，2021）。政府扶持的作用并不停留在表面上的对创新的促进，还可以通过影响企业创新投入间接促进工业经济转型升级（杨林广，2021）。政府扶持与企业创新能力的作用之间是相对复杂的，例如政府研发补助政策具有"前期激励"以及"后期奖励"效应，可以显著改善机构的创新能力，与机构创新能力形成良性循环（史永东、王彤彤，2022）。基于不同的经济时期，政府扶持对企业也会发挥不同的作用。在政府研发补贴效率方面，经济紧缩期下的研发补贴对机构研发投入的促进作用更强，在经济紧缩期和扩张期，研发补贴都能够促进机构专利数量的增加，然而，相对于经济扩张时期，经济紧缩期的研发补贴转化为专利数量的比例明显下降，但其对专利质量的提升作用明显增强，说明与其他时期相比，经济困难时期的政府研发补贴能带来机构更高质量的创新（马永强、阳丹、巩亚林，2022）。

因此，本研究将政府扶持划分为政策支持和财政扶持两个维度，并提出以下假设。

假设 H1：政府扶持对商业模式创新具有显著正向影响。

假设 H1a：政府扶持中的政策支持维度对商业模式创新具有显著正向影响。

假设 H1b：政府扶持中的财政扶持维度对商业模式创新具有显著正向影响。

第二节 资源整合与商业模式创新的关系探讨

资源配置过程包括对组织内部资源的配置和组织外部资源的调动。本节重在探讨资源整合与商业模式创新的关系。企业各方面能力的提升一般都是为了服务于企业的发展。企业提升资源整合能力，有利于增强其竞争优势，而竞争优势的增强，代表了企业实力的提升，也就表明企业更有实力进行商业模式创新（饶扬德，2006）。但企业的资源整合过程是一个相对复杂的过程，内部资源配置需要组织内部各部门或者管理者的合作，通过建立起高效的沟通机制来帮助企业的内部调动和配置资源；外部资源调动则反映了企业（管理者）的网络能力（蔡莉、杨阳、单标安，2011）。企业只有有效整合资源才能真正做强做大（郭小金，2011）。在考察稳定型资源整合与突变型资源整合对企业绩效的影响时，研究发现在高宽松、低动态环境情境下，两种资源整合均对新创企业绩效有积极影响；而在低宽松、高动态环境情境下，只有突变型资源整合对新创企业绩效有积极影响（尹苗苗、马艳丽，2014）。此外，学者还发现竞合战略分别通过外向型资源整合和内向型资源整合实现共同价值与个体价值（郭润萍、尹昊博、龚蓉，2022）。

因此，本研究将资源整合划分为资源管理和整合绩效两个维度，并提出以下假设。

假设 H2：资源整合对商业模式创新具有显著正向影响。

假设 H2a：资源整合中的资源管理维度对商业模式创新具有显著正向影响。

假设 H2b：资源整合中的整合绩效维度对商业模式创新具有显著正向影响。

第三节　政府扶持与协同创新的关系探讨

政府扶持对创新能力的作用效果可以从两个方面来分析。一方面，政府的补助可以使新型研发机构直接获得大量现金流，降低机构创新投资波动，缓解机构的融资压力，直接降低机构研发的成本与风险，提升机构创新的意愿和研发成果的产出水平，进而提高机构的创新能力。另一方面，政府扶持作为利好信息能缓解机构的信息不对称，提升机构的信誉度，增强外部投资者的信心，促进机构可持续性地创新投资，给予机构技术创新活动的长久动力。也就是说，政府扶持可以给机构带来一定的利好影响。政府扶持的根本目的是促进国家经济发展，因此，政府扶持对协同创新也会有一定的帮助。国家重点围绕产学研合作、创新人才培养、知识产权、关键共性技术等形成了较为有效的政策体系，为产学研协同创新提供了宏观政策保障（李良成、陈兴菊，2018）。政府在促进企业协同创新的进程中发挥的作用也越来越大。政府作为产学研协同创新的主体，其对协同创新的影响是毋庸置疑的。我国产学研协同创新政府职能变迁经历了多个阶段，虽然各阶段的职能环境、目标和侧重点不同，但可以发现我国产学研协同创新中，政府职能呈现不断丰富和完善的趋势（杨世明、贾建林、蓝庆新，2021）。但也有学者认为政府对协同创新的作用并不是直接的，即政府扶持无法直接促进产学研协同创新，需要依托科技类社会组织的完全中介效应（陈子韬、袁梦、孟凡蓉，2022）。

研究发现，通过加大科技成果共享的开放性、实施"章程化"管理、构建协同创新中介平台等途径，可以优化产学研协同创新中的知识产权激励与保障机制（赵锐、汪佳、武杰，2022）。此外，协同创新中最根本的是知识层面的协同，包括管理知识、技术知识等。知识协同的效率及成果在一定程度上可以代表协同创新的效率及成果。并且，政府调控下环境税率、绿色补贴额度、协同创新奖励以及协同创新违约金额是影响产学研协同创新的重要因素（肖振红、李炎，2022）。

因此，本研究提出如下假设。

假设 H3：政府扶持对协同创新具有显著正向影响。

假设 H3a：政府扶持中的政策支持维度对协同创新具有显著正向影响。

假设 H3b：政府扶持中的财政扶持维度对协同创新具有显著正向影响。

第四节 资源整合与协同创新的关系探讨

许多学者对资源整合与协同创新之间的关系进行了探究。资源在企业的发展中是至关重要的。资源获取、资源配置以及资源利用过程对于动态能力的构建与拓展具有重要的作用（董保宝、葛宝山，2012）。不单单是企业内部之间的资源整合可以提升企业包括创新能力在内的各方面能力，各合作主体之间的资源整合也会增加各方的利益。通过对主制造商及供应商的研究发现，主制造商和供应商之间的资源整合中，各相关收益会有明显增加（程永波、宋露露、陈洪转，2016）。也有学者直接表明资源整合对创新的重要性。创新具有整合与集成的技术特质，企业务必通过整合外部资源的方式推动创新

（王翔、梁琦，2017）。协同创新网络中，边结构表现出显著的稀疏效应，网络多涌现易于形成资源共享与交换的星型结构和三角结构，资源的整合对于发挥协同效应而言也是有促进作用的（郭建杰、谢富纪，2021）。在对企业的研发活动进行研究的时候，学者发现设立研发子公司主要通过发挥"信息共享"和"知识溢出"效应以实现创新资源在集团内部的优化配置，从而促进企业集团的协同创新（黄宏斌、许晨辉、孙雅妮，2023）。

因此，本研究提出如下假设。

假设H4：资源整合对协同创新具有显著正向影响。

假设H4a：资源整合中的资源管理维度对协同创新具有显著正向影响。

假设H4b：资源整合中的整合绩效维度对协同创新具有显著正向影响。

第五节　协同创新与商业模式创新的关系探讨

商业模式是一个体现企业综合实力的复杂系统，商业模式创新的过程也是企业转型升级的过程。学者们对协同创新与商业模式创新的关系有非常丰富的想法。有学者通过对软件企业的研究，探究出通过要素协同创新最终实现软件企业商业模式创新的路径（王鑫鑫、王宗军，2010）。商业模式创新活动是一种系统创新，要求系统内各子系统间形成强大的协同作用力，从协同论的观点来看，如果跨界搜索无法实现各个利益相关者之间的协同效应，有效克服和规避合作的风险，那么对企业的商业模式创新活动是非常不利的（何宁、顾颖，2017）。同样，协同创新对于商业模式创新的作用通过对中小企业的探讨也能得出相应的结论。学者在对中小企业的研究中发现，集群内配套中小企业受自身规模小、创新资源不足及资金的限制，其商业模式创新需借助外部创新资源协同实现（孙卫东，2019）。在移动支付商业模式利益分配的研究中，学者得出如下结论：将改进的 Shapley 值法应用于移动支付商业模式利益分配研究更能体现公平性和科学性，为解决各参与主体的合作冲突、构建协同创新与利益共享的移动支付商业模式提供理论借鉴与参考（王选飞、吴应良、黄媛，2017）。不同创新系统之间存在协同演化，协同演化的结果取决于演化过程中起支配作用的慢弛豫参量；技术创新助力推动商业模式创新，随着商业模式创新水平的提升，也会推动技术创新的发展，同时二者会使得企业绩效不断提升；企业应做到多层次实施技术创新和商业模式创新，保障二者的协同发展（赵喜洋、石磊、余谦，2021）。

因此，本研究将协同创新划分为知识协同和战略协同两个维度，并提出如下假设。

假设 H5：协同创新对商业模式创新具有显著正向影响。

假设 H5a：协同创新中的知识协同维度对商业模式创新具有显著正向影响。

假设 H5b：协同创新中的战略协同维度对商业模式创新具有显著正向影响。

第六节　协同创新的中介作用探讨

政府扶持对新型研发机构商业模式创新可以产生直接的影响，比如政府的补助直接增加了新型研发机构进行商业模式创新的资本，又或者政府所颁布的政策为新型研发机构进行商业模式创新提供了便利。与此同时，政府扶持的作用又可以通过协同创新在商业模式创新上体现出来。这表现在协同创新可以在一定程度上更好地发挥政府扶持的作用，甚至是放大政府扶持对商业模式创新的作用。在战略性新兴产业中，战略性新兴产业发展需要关注政府、市场与企业3个方面，也就是在政策层面的管理者制定具体政策，引导商业模式创新与网络治理有序开展（屠羽、彭本红、鲁倩，2017）。有学者通过构建技术创新和商业模式创新协同演化模型，指出了协同演化呈现"创新—调整—适应"等复杂的螺旋化发展过程（纪慧生、姚树香，2019）。双积分政策的实施和政府直接资助力度都将提升协同创新系统到达成熟阶段的速度（刘亚婕、董锋，2022）。

资源整合本身体现为新型研发机构内外部资源的合理配置，资源的合理配置可以使得新型研发机构运营时有令人满意的投入产出比。其对商业模式创新的影响，不仅仅体现在资源整合对商业模式创新的直接作用，还体现在通过协同创新为商业模式创新打下更好的创新基础，例如财务资源的良好协同使得机构能将资本在商业模式创新上可发挥的作用放到最大。研究发现，资源整合、协同创新与动态能力之间存在一定的作用关系，三者之间的耦合和交互会影响企业竞争优势的形成（汪秀婷、程斌武，2014）。在信息技术行业的实践表明了企业在实现合并后应加强资源整合，实现最大限度的协同效应，特别是为增强创新能力而合并的企业，应加强信息系统、企业文化、技术和战略方面的整合。（鲍新中、陶秋燕、盛晓娟，2014）。此外，资源整合、知识增值在供应链协同与创新绩效关系中有一定的调节作用，并且知识增值与恰当的资源整合方式结合能够有效促进企业的创新绩效（丁莹莹、乔琳，2020）。

因此，本研究提出如下假设。

假设H6：协同创新在政府扶持对商业模式创新的影响中起到中介作用。

假设H7：协同创新在资源整合对商业模式创新的影响中起到中介作用。

第七节 研究框架

结合文献资料以及相关分析,搭建了本书的研究框架,以政府扶持、资源整合为自变量,协同创新为中介变量,商业模式创新为因变量,将变量整合为"政府扶持、资源整合—协同创新—商业模式创新"的研究模型,如图4-1所示。

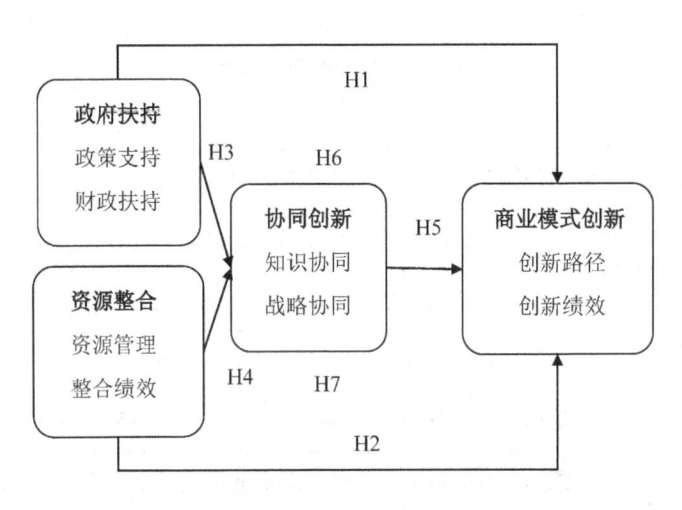

图4-1 本书研究模型

第八节　本章小结

本章按照"政府扶持、资源整合—协同创新—商业模式创新"的研究框架，分析各变量之间的作用机制，并据此提出研究假设，绘制本书的研究模型，提出了 H1～H7 主体基础假设，H1～H5 各 2 项分支假设，总计 17 项研究假设，如表 4-1 所示。

表 4-1　研究假设汇总表

假设编号	假设
H1	政府扶持对商业模式创新具有显著正向影响
H1a	政府扶持中的政策支持维度对商业模式创新具有显著正向影响
H1b	政府扶持中的财政扶持维度对商业模式创新具有显著正向影响
H2	资源整合对商业模式创新具有显著正向影响
H2a	资源整合中的资源管理维度对商业模式创新具有显著正向影响
H2b	资源整合中的整合绩效维度对商业模式创新具有显著正向影响
H3	政府扶持对协同创新具有显著正向影响
H3a	政府扶持中的政策支持维度对协同创新具有显著正向影响
H3b	政府扶持中的财政扶持维度对协同创新具有显著正向影响
H4	资源整合对协同创新具有显著正向影响

续表

假设编号	假设
H4a	资源整合中的资源管理维度对协同创新具有显著正向影响
H4b	资源整合中的整合绩效维度对协同创新具有显著正向影响
H5	协同创新对商业模式创新具有显著正向影响
H5a	协同创新中的知识协同维度对商业模式创新具有显著正向影响
H5b	协同创新中的战略协同维度对商业模式创新具有显著正向影响
H6	协同创新在政府扶持对商业模式创新的影响中起到中介作用
H7	协同创新在资源整合对商业模式创新的影响中起到中介作用

第五章

实证研究的方法论

本章主要介绍本书实证研究的方法论，包括问卷的设计原则以及如何在问卷中以题项的形式来测度变量。此外，还对数据收集以及分析方法做了简要阐明。

第一节　问卷设计

为获得实证分析所要使用的数据，本书拟采用问卷调查的方式收集数据。因此，本节专门针对数据获取以及量表的设计与开发进行详细说明，为之后的研究奠定坚实的基础。

问卷调查是现在社会研究中常用的一种收集资料的工具，它以问题形式呈现在相关群体面前，用于调查特定的社会现象。载体的不同使得问卷调查可以被分为纸质问卷调查和网络问卷调查，研究者可以根据不同的需求来选择问卷调查的形式。

为了保证数据的信度和效度，首先通过文献阅读，设计初步的问卷样本，而后结合本研究对象和研究课题的特征，对相关文献中的问卷和量表进行适当微调，设计出研究变量的测量维度及相关题项。在完成对变量测量维度及相关题项的设计之后，与专家学者咨询沟通，进一步修改问卷，以确保题项具有较高的信度和效度。

在设计问卷的过程中,查阅了许多学者关于政府扶持、资源整合、协同创新以及商业模式创新4个变量的研究资料,并在后续不断完善问卷。在此基础上对新型研发机构的中高层管理者进行问卷调查。

除了机构的基本信息之外,问卷中大多数题项采用李克特的5级测试量表进行测度,针对Fowler所指出的造成数据结构出现偏差的四大原因,采取了以下几个普遍使用的方法。

第一,由于问卷的内容涉及一些机构比较敏感的问题,答卷人不愿明确答复。针对这种情况,会充分告知答卷人关于资料处理过程中的保密措施与用途等,并签署参与研究同意书,作为双方共同合作与遵守的约定。

第二,答卷人限制在机构中高层岗位,对机构较为了解的管理人员,以有效避免因不了解机构相关信息而做出主观回答所产生的偏差。

第三,所收集的信息和数据尽量来自最近三年,以避免由于答卷人发生记忆偏差而导致信息失真。

第四,为避免问题可能产生歧义而导致答卷人答非所问的偏差,在预测试过程中尽量将这些问题进行调整和备注说明,以最大限度地减少歧义。

第五,为避免同源误差,特别将问卷分为相互隔离的3个部分(见附录一):机构基本情况为第一部分;政府扶持(自变量)、资源整合(自变量)、协同创新(中介变量)为第二部分;商业模式创新(因变量)为第三部分。第一和第二部分由机构具体负责各项业务的部门经理填写,第三部分由机构高层管理人员填写,这样可以降低同一个人填写问卷时由于个人倾向和偏差导致的同源误差。

第二节 测度变量

为了将研究变量进行量化，并且克服数据获取的困难，本书对政府扶持、资源整合、协同创新以及商业模式创新4个变量进行量表开发，通过问卷调查的方法获取相关分析数据，并进行实证分析。问卷测试使用了李克特的5级测试量表，每个叙述都有非常不赞同、比较不赞同、一般、比较赞同、非常赞同5个答案，分别记1分、2分、3分、4分、5分，而每个调查人的态度分数也就是其对各道题的答复所得分值的加总。

一、被解释变量

如前所述，成功的商业模式创新可以为新型研发机构创造价值。当商业模式创新被纳入新的价值体系中时，便能为机构的向上发展创造条件。

商业模式创新的具体测量题项，如表5-1所示。

表5-1 商业模式创新测量题项

变量	维度	编号	测量题项	参考来源
商业模式创新（SYMS）	创新路径（IR）	IR1	机构能正确选择创新路径	张越、赵树宽（2014）；武建龙、王宏起（2014）
		IR2	机构的路径选择符合长期战略规划	
		IR3	机构的创新选择是正确的	

续表

变量	维度	编号	测量题项	参考来源
商业模式创新（SYMS）	创新绩效（IM）	IM1	机构业务稳定增长	张越、赵树宽（2014）；武建龙、王宏起（2014）
		IM2	机构是可持续发展的	
		IM3	机构综合实力有所增强	

二、解释变量

由前述可知，政府扶持是一种政府的调控手段，用于调控市场经济体制。政府扶持的方式包括政策支持和财政扶持两种。

资源整合是指作为主体的新型研发机构将其可得的各种资源通过某种方式进行整合，其中包括机构内外部资源。

政府扶持和资源整合的具体测量题项，如表5-2所示。

表 5-2 政府扶持和资源整合测量题项

变量	维度	编号	测量题项	参考来源
商业模式创新（SYMS）	创新路径（IR）	IR1	机构能正确选择创新路径	张越、赵树宽（2014）；武建龙、王宏起（2014）
		IR2	机构的路径选择符合长期战略规划	
		IR3	机构的创新选择是正确的	
	创新绩效（IM）	IM1	机构业务稳定增长	
		IM2	机构是可持续发展的	
		IM3	机构综合实力有所增强	

续表

变量	维度	编号	测量题项	参考来源
资源整合（ZYZH）	资源管理（RM）	RM1	机构有资源管理意识	曹红军、卢长宝、王以华（2011）；张青、华志兵（2020）
		RM2	机构能有效地管理资源	
		RM3	机构的资源管理为其带来效益	
	整合绩效（IP）	IP1	机构能够较好地整合各项资源	
		IP2	机构的投入产出比高	
		IP3	机构对资源的利用效率高	

三、中介变量

从已有的文献中可知，协同创新是指各个创新主体要素内实现创新互惠，知识的共享，资源优化配置，行动最优同步、高水平的系统匹配度。

协同创新的具体测量题项，如表5-3所示。

表5-3 协同创新测量题项

变量	维度	编号	测量题项	参考来源
协同创新（XTCX）	知识协同（KC）	KC1	机构有较为丰富的知识资源	樊治平、冯博、俞竹超（2007）；吴绍波、顾新（2008）
		KC2	机构能够较好地培训人才	
		KC3	机构内的人员能够较好地相互配合工作	
	战略协同（SE）	SE1	机构与合作方有相似的价值观	
		SE2	机构内部人员一般能够进行有效的交流	
		SE3	机构内部人员具有一致的风险观念	

第三节 数据收集

为了确保本研究的准确性,问卷的发放严格遵循客观、均衡的原则,最大限度地减少可能产生误差的干扰因素,尽可能地提高问卷的有效性,进而提高获取数据的质量。

本书的研究对象是新型研发机构,因此问卷的发放地域较为倾向于江苏、广东、湖北、山东等新型研发机构发展态势较好、数量较多的省份,以尽可能多地获取问卷数据。问卷的发放对象主要是新型研发机构的中高层管理者,他们对机构的情况了解得相对全面,可以使研究数据更具可靠性。

问卷的发放和回收主要通过3种方式进行。一是通过微信发给企业的相关人员填写并回收;二是将问卷星链接发给企业中的高层管理人员或企业用户,直接在问卷星中填写,结果直接保存在问卷星的后台中,以 Excel 形式呈现;三是利用本人在行业里的人脉进行直接走访发放问卷。

借鉴 Armstrong 所提出的方法建议样本的无回应偏差,结果显示,未经催收的样本回复问卷与催收样本的回复问卷不存在显著性的差异,因此样本不存在无回应偏差。本次调查共发放 700 份问卷,回收 650 份,有效问卷 609 份,回收率为 92.86%,有效率为 93.69%。如表 5-4 所示。

表 5-4 问卷统计

发放方式	发放问卷数	回收问卷数	有效问卷数	回收率	有效率
笔者走访	70	70	70	100%	100%
问卷星	400	379	350	94.75%	92.35%
微信发放	230	201	189	87.39%	94.03%
合计	700	650	609	92.86%	93.69%

第四节 分析方法

本研究使用 SPSS 统计软件作为分析工具，采用的方法包括描述性统计分析、变量的信度和效度分析、相关性分析和回归分析等。

1. 描述性统计分析

描述性统计是指运用制表和分类、图形以及计算概括性数据来说明数据特征的各项活动。

运用描述性统计分析的主要目的是对样本数据进行总体情况分析，其中分析内容主要包含调查对象所属企业的区域分布、企业性质、企业行业归属、企业人员规模等，用来分析回收的样本数据是否符合研究的要求。

2. 信度分析

信度又叫可靠性，一般是指问卷的可信程度。信度分析是用来了解和分析量表指标的稳定性和一致性的。

本书采用 CITC 值和内部一致性 α 信度方式来检验量表的信度。如果 CITC 值小于 0.4，将考虑把对应项进行删除处理。将已删除的 Cronbach's α

系数值指标用于判断题项是否应该作删除处理，如果高于 Cronbach's α 系数值，将考虑把对应项进行删除处理。Cronbach's α 系数是由 Cronbach 所创立，信度系数在 0~1 之间。用 α 系数来衡量内部一致性信度。一份好的量表，其总量表的 α 系数在 0.8 以上，表示信度非常好，在 0.7~0.8 之间，表示稍微修改一下条目也可以接受；其分量表的 α 系数在 0.7 以上，表示可靠性很好，在 0.6~0.7 之间还可以接受；如果总量表的 α 系数在 0.7 以下，分量表的 α 系数在 0.6 以下，则说明量表需要重新修订。

3. 效度分析

效度又叫有效性，一个好的实证分析研究必须建立在高效度的基础上。为了使数据量表的效度较高，测评量表的内容也应该反映衡量数据的内容，对效度的评价通常从内容效度和结构效度这两个角度进行。从研究实用性出发，由于本项目的检测量表全部来源于国内研究的检测量表，同时针对自身实际状况进行了适当的修改，所以具有很高的内容效度。

本书主要采用探索性因子分析（EFA），通过 KMO 和 Barlett 球体检验方法，运用 SPSS 进行因子分析。其中，主要参考 Kaise 和 Rice（1974）提出的 KMO 指标判断标准来进行判断，即：如果 KMO 值在 0.9 以上，则表示非常适合因子分析；如果 KMO 值在 0.8~0.9 之间，则表示很适合因子分析；如果 KMO 值在 0.7~0.8 之间，则表示适合因子分析；如果 KMO 值在 0.6~0.7 之间，则表示勉强适合因子分析；如果 KMO 值在 0.5~0.6 之间，则表示不太适合因子分析；如果 KMO 值小于 0.5，则表示不适合因子分析。

因子分析中，因子负荷值越大，收敛效度就越高。一般来说，因子负荷值处于 0.5~1 之间，效度即可接受。也就是说，因子负荷要在 0.5 以上才能满足收敛效度的要求。收敛效度，即通过在量表中提取公因子的方法，用因子载荷反映公因子对量表的相关程度。

4. 相关性分析

相关性分析是一种用于研究两个或两个以上处于同等地位的变量间相关

关系的统计分析方法。

在相关性分析中，本书主要采用 Pearson 相关系数进行判断。Pearson 相关系数处于 −1 ~ 1 之间，可以是此范围内的任何值，相关系数绝对值越接近 1，表示两变量的关联程度越强，相关系数的绝对值越接近 0，两变量的关联程度越弱。当相关系数大于 0 时，表示两变量之间是正相关关系，此时一个变量随另一个变量的增加而增加；当相关系数小于 0 时，表示两变量之间是负相关关系，此时一个变量随另一个变量的增加而减少。

5. 多元回归分析

多元回归分析研究的是一个因变量与多个自变量之间的关系。

使用多元回归分析是为了研究解释变量、中介变量与被解释变量之间的关系，根据回归分析结果，得出各个自变量对目标变量产生的影响，因此，需要求出各个自变量的影响程度。此外，还可以通过比较两个回归模型之间的解释贡献率是否增加或减少，来判断模型的拟合程度。如果一个回归模型的解释贡献值增加，就表示该模型的拟合效果更好。

第五节 本章小结

本章首先介绍了问卷设计的相关内容以及量表的开发和设计，为顺利开展实证分析，秉着严谨的态度设计了问卷调查表。问卷的设计主要参考了前人的研究，并结合实际情况不断进行完善，最终形成一份相对成熟的问卷。在问卷的发放地域上，主要考虑新型研发机构较多的省份，如江苏、广东等地，问卷的发放对象也尽可能地选择对机构情况了解相对深刻、全面的人。

一切考量均为了能够提高问卷的有效数量，提升数据的质量，从而提高由实证分析得出结论的可靠性。此外，还对测量题项设置进行说明。其中，政府扶持从政策支持、财政扶持两个维度出发，采用6个题项来进行测量；资源整合从资源管理、整合绩效两个维度出发，采用6个题项进行测量；协同创新从知识协同、战略协同两个维度出发，采用6个题项进行测量；商业模式创新从创新路径、创新绩效两个维度出发，采用6个题项进行测量。

其次，对问卷发放对象的选择、机构分布区域的选择、问卷发放渠道的选择等方面进行介绍。

最后，介绍本书主要用到的数据分析方法，包括描述性统计分析、变量信度效度分析、相关性分析、回归分析等，以及数据收集过程中，针对同源误差、无回应偏差所采取的措施。

第六章

实证分析

第六章 实证分析

为进一步探究政府扶持、资源整合、协同创新和商业模式创新四者之间的关系，本书采用问卷调查的方法收集数据，并对数据进行分析。

本章详细列示了样本及变量的描述性统计。其中，样本的描述性统计主要包括地区分布、法人性质、员工人数、成立年限以及机构总资产等基本情况。变量的描述性统计中统计了各组数据的众数、平均值、最大值、最小值等指标。

在实证过程中，还对收集到的数据进行信度分析、效度分析和相关性分析。在确认数据的可靠性之后，将各变量所对应的数据进行回归分析，利用显著性大小以及 R^2 等指标来分析政府扶持、资源整合、协同创新和商业模式创新四者是否存在关系，以及存在什么样的关系，所探究的问题包括政府扶持对商业模式创新的影响作用、资源整合对商业模式创新的影响作用、政府扶持对协同创新的影响作用、资源整合对协同创新的影响作用、协同创新在政府扶持与商业模式创新间的中介作用、协同创新在资源整合与商业模式创新间的中介作用等。

为确保实证分析的准确性，增加了稳健性检验的过程，以求和来定义变量的方式重新计算变量，并用重新计算得到的变量进行回归检验，考察其显著性大小及 R^2，以检验本研究的实证过程的稳健性。

最后，讨论实证所得的结果，得出相应结论。

第一节 描述性统计分析

为进一步探究各变量对新型研发机构产生的影响,本书设置专门的问卷并通过各种渠道将其发放给新型研发机构的中高层管理者进行填写。问卷内容包括机构所在地区、机构法人性质、员工人数、成立年限、机构总资产等基本信息。同时,问卷中设置了专门针对政府扶持、资源整合、协同创新和商业模式创新等相关的题项,本节也将对这部分数据统计进行分析。

一、样本的描述性统计分析

本节主要对问卷填写对象所在机构的地区分布、法人性质、员工人数、成立年限以及机构总资产等基本情况进行统计,以便对问卷调查数据可以有初步的把握。

1. 机构所在地区

本次调查问卷覆盖范围涉及全国各地大部分地区,调查研究对象所处机构主要分布在江苏、湖北、山东、广东、重庆等地,合计占比80.26%,其中,江苏占比最多,为25.57%,湖北占比排名第二,为20.39%,如图6-1所示。

第六章 实证分析

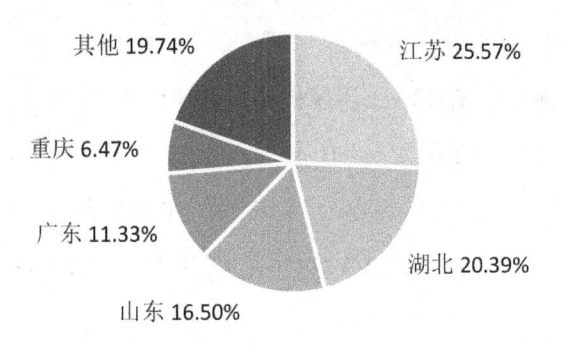

其他 19.74%　　江苏 25.57%
重庆 6.47%
广东 11.33%　　湖北 20.39%
山东 16.50%

■江苏　■湖北　■山东　■广东　■重庆　■其他

图 6-1　机构地区分布

2. 机构法人性质

新型研发机构的法人性质主要包括企业、事业单位和社会服务机构。在调查的样本中，所属法人性质为企业的有 392 人，占比 64.37%；所属法人性质为事业单位的有 116 人，占比 19.05%；所属法人性质为社会服务机构的有 73 人，占比 11.99%；所属法人性质为其他的有 28 人，占比 4.59%，如表 6-1 所示。

表 6-1　机构法人性质分布

机构法人性质	小计	百分比
企业	392	64.37%
事业单位	116	19.05%
社会服务机构	73	11.99%
其他	28	4.59%
合计	609	100.00%

3. 机构经营年限

在调查的样本中，有132人所属机构经营年限为1~5年，占比21.67%；有179人所属企业经营年限为5~10年，占比29.39%；有164人所属企业经营年限为10~15年，占比26.93%；有97人所属企业经营年限为15~20年，占比15.93%；有37人所属企业经营年限为20年以上，占比6.08%，如图6-2所示。

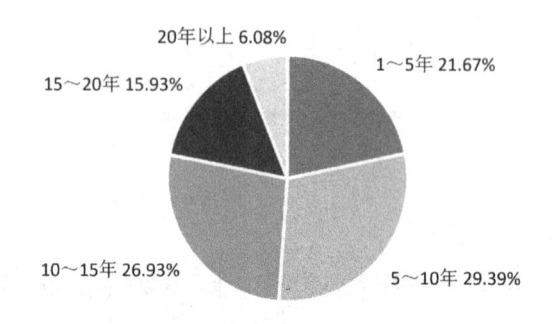

图6-2 机构经营年限

4. 员工人数

在调查的样本中，16.25%的受访对象所属企业员工人数在20人以下；31.36%的受访对象所属企业员工人数在20~50人；23.65%的受访对象所属企业员工人数为50~100人；23.32%的受访对象所属企业员工人数为100~500人；5.42%的受访对象所属企业员工人数在500人以上。总的来说，94.58%的受访对象所在企业的员工规模在500人以内，如表6-2所示。

表 6-2 企业员工规模

受访企业员工规模	小计	百分比
20 人以下	99	16.25%
20~50 人	191	31.36%
50~100 人	144	23.65%
100~500 人	142	23.32%
500 人以上	33	5.42%
总计	609	100.00%

5. 机构总资产

据统计，问卷调查的样本所属机构的总资产共有 5 个类别，分别为 1000 万元以下、1000 万~5000 万元、5000 万~1 亿元、1 亿~10 亿元以及 10 亿元以上。其中，所属机构总资产在 1000 万元以下的有 144 人，占比 23.65%；所属机构总资产在 1000 万~5000 万元之间的有 118 人，占比 19.38%；所属机构总资产在 5000 万~1 亿元之间的有 165 人，占比 27.09%；所属机构总资产在 1 亿~10 亿元之间的有 154 人，占比 25.29%；所属机构总资产在 10 亿元以上的有 28 人，占比 4.60%。从资产规模来看，绝大多数新型研发机构资产规模在 10 亿元以下，如图 6-3 所示。

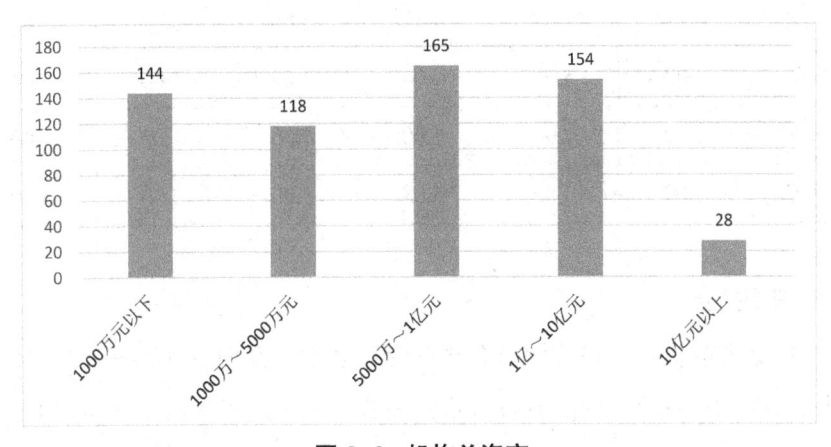

图 6-3 机构总资产

二、变量的描述性统计分析

本研究共设置了4个变量，每个变量都包括两个维度，共涉及24个题项。下面对问卷数据中政府扶持、资源整合、协同创新和商业模式创新的数据进行统计分析，将按照"题项—变量"的顺序——整理。

1. 政府扶持

根据量表的设计，将政府扶持用ZFFC表示，其中政策支持、财政扶持分别用PS、SR表示。政府扶持变量共设置了6个题项，其中从政策支持维度思考设置了3个题项，从财政扶持维度思考设置了3个题项。按照李克特量表的打分原则，在609份问卷中，6个题项最高分均为5分，最低分均为1分。其中政策支持的题项PS1平均分最高，为4.22；财政扶持的题项SR3平均分最低，为3.84；政策支持维度最多人评5分；财政扶持维度最多人评4分。详细数据如表6-3所示。

表6-3 政府扶持描述性统计（N=609）

	PS1	PS2	PS3	SR1	SR2	SR3
个案数	609	609	609	609	609	609
平均值	4.22	4.09	4.17	3.86	3.89	3.84
众数	5.00	5.00	5.00	4.00	4.00	4.00
最小值	1.00	1.00	1.00	1.00	1.00	1.00
最大值	5.00	5.00	5.00	5.00	5.00	5.00

2. 资源整合

根据量表的设计，将资源整合用ZYZH表示，其中资源管理和整合绩效分别用RM、IP表示。资源整合变量共设置了6个题项，其中从资源管理维度思考设置了 3 个题项，从整合绩效维度思考设置了 3 个题项。按照李克特量表的打分原则，在 609 份问卷中，6 个题项最高分均为 5 分，最低分均为 1 分。其中资源管理的题项 RM2 平均分最高，为 4.17；整合绩效的题项 IP2 平均分最低，为 3.84；资源管理维度最多人评 5 分；整合绩效维度最多人评 4 分。详细数据如表 6-4 所示。

表 6-4　资源整合描述性统计（N=609）

	RM1	RM2	RM3	IP1	IP2	IP3
个案数	609	609	609	609	609	609
平均值	4.09	4.17	4.15	3.89	3.84	3.86
众数	5.00	5.00	5.00	4.00	4.00	4.00
最小值	1.00	1.00	1.00	1.00	1.00	1.00
最大值	5.00	5.00	5.00	5.00	5.00	5.00

3. 协同创新

根据量表的设计，将协同创新用 XTCX 表示，其中知识协同和战略协同分别用 KC、SE 表示。协同创新变量共设置了 6 个题项，其中从知识协同维度思考设置了 3 个题项，从战略协同维度思考设置了 3 个题项。按照李克特量表的打分原则，在 609 份问卷中，6 个题项最高分均为 5 分，最低分均为 1 分。其中知识协同的题项 KC2 平均分最高，为 4.21；战略协同的题项 SE1 平均分最低，为 3.84；知识协同维度最多人评 5 分；战略协同维度最多人评 4 分。详细数据如表 6-5 所示。

表 6-5　协同创新描述性统计（N=609）

	KC1	KC2	KC3	SE1	SE2	SE3
个案数	609	609	609	609	609	609
平均值	4.14	4.21	4.17	3.84	3.85	3.86
众数	5.00	5.00	5.00	4.00	4.00	4.00
最小值	1.00	1.00	1.00	1.00	1.00	1.00
最大值	5.00	5.00	5.00	5.00	5.00	5.00

4. 商业模式创新

根据量表的设计，将商业模式创新用 SYMS 表示，其中创新路径和创新绩效分别用 IR、IM 表示。商业模式创新变量共设置了 6 个题项，其中从创新路径维度思考设置了 3 个题项，从创新绩效维度思考设置了 3 个题项。按照李克特量表的打分原则，在 609 份问卷中，7 个题项最高分均为 5 分，最低分均为 1 分。其中创新路径的题项 IR1 平均分最高，为 4.21；创新绩效的题项 IM3 平均分最低，为 3.84；创新路径维度最多人评 5 分；创新绩效维度最多人评 4 分。详细数据如表 6-6 所示。

表 6-6　商业模式创新描述性统计（N=609）

	IR1	IR2	IR3	IM1	IM2	IM3
个案数	609	609	609	609	609	609
平均值	4.21	4.07	4.14	3.86	3.89	3.84
众数	5.00	5.00	5.00	4.00	4.00	4.00
最小值	1.00	1.00	1.00	1.00	1.00	1.00
最大值	5.00	5.00	5.00	5.00	5.00	5.00

第二节　信度与效度分析

本书对收集到的问卷数据进行信度与效度分析。信度即可靠性，信度分析的方法包括重测信度法、副本信度法、折半信度法和 α 信度系数法；效度即有效性，效度分析指尺度量表达到测量指标准确程度的分析。

在对观察变量进行因子分析前，先对各个变量进行充分性检验，以确保变量测度的题项满足因子分析所必需的条件。在对变量的充分性检验完成并符合因子分析条件的前提下，再对变量进行因子分析。本研究采用主成分法，按照特征值（值）大于 1、因子载荷大于 0.5 作为选择提取因子的标准。下面分别对新型研发机构政府扶持、资源整合、协同创新以及商业模式创新进行充分性检验和因子分析。

一、政府扶持

政府扶持的信度检验结果，如表 6-7 所示。

表 6-7　政府扶持信度检验（N=609）

变量	维度	题项	修正后的项与总计相关性	删除项后的 Cronbach's α	标准化后的 α 系数
政府扶持（ZFFC）	政策支持（PS）	PS1	0.811	0.860	0.903
		PS2	0.789	0.879	
		PS3	0.825	0.845	

续表

变量	维度	题项	修正后的项与总计相关性	删除项后的Cronbach's α	标准化后的α系数
政府扶持（ZFFC）	财政扶持（SR）	SR1	0.857	0.890	0.927
		SR2	0.859	0.889	
		SR3	0.838	0.906	

由表6-7可知，政策支持的信度系数值为0.903（>0.7），删除项后的Cronbach's α分别为PS1=0.860、PS2=0.879、PS3=0.845，均小于标准化后的α系数0.903，并且在删除任意题项后没有明显变化。此外，修正后的项与总计相关性分别为PS1=0.811、PS2=0.789、PS3=0.825，均大于0.4，以上数据都说明政策支持的信度质量可以接受；财政扶持的信度系数值为0.927（>0.7），删除项后的Cronbach's α分别为SR1=0.890、SR2=0.889、SR3=0.906，均小于标准化后的α系数0.927，并且在删除任意题项后没有明显变化。此外，修正后的项与总计相关性分别为SR1=0.857、SR2=0.859、SR3=0.838，均大于0.4，以上数据都说明财政扶持的信度质量可以接受。

政府扶持量表的效度检验是通过对政府扶持的两个维度进行因子分析完成的，分析结果如表6-8、表6-9、表6-10所示。

表6-8 政府扶持KMO和巴特利特检验（N=609）

KMO取样适切性量数		0.769
巴特利特球形度检验	近似卡方	1339.595
	自由度	15
	显著性	0.000

从表6-8的检验结果可以看出，政府扶持的KMO检验结果为0.769

（>0.70），Bartlett 球形检验的近似卡方分布为 1339.595，自由度为 15，显著性概率值达到显著水平（P=0.000<0.001），表明数据适合进行因子分析。接着对政府扶持量表进行探索性因子分析，如表 6-9 所示。

表 6-9 政府扶持探索性因子分析（N=609）

成分	初始特征值			提取载荷平方和			旋转载荷平方和		
	总计	方差百分比	累积%	总计	方差百分比	累积%	总计	方差百分比	累积%
1	3.163	52.724	52.724	3.163	52.724	52.724	2.622	43.700	43.700
2	1.976	32.938	85.662	1.976	32.938	85.662	2.518	41.961	85.662
3	0.270	4.503	90.165						
4	0.24	3.999	94.163						
5	0.182	3.038	97.202						
6	0.168	2.798	100						

表 6-10 政府扶持旋转后的成分矩阵 a（N=609）

变量	维度	题项	成分	
			1	2
政府扶持（ZFFC）	政策支持（PS）	PS1		0.913
		PS2		0.904
		PS3		0.913
	财政扶持（SR）	SR1	0.930	
		SR2	0.932	
		SR3	0.923	

从表 6-10 中可以看出，最大方差法旋转后共得到两个公因子，政策支持

下的因子载荷为 PS1=0.913、PS2=0.904、PS3=0.913，财政扶持下的因子载荷为 SR1=0.930、SR2=0.932、SR3=0.923，每个公因子下各题项的因子载荷均在 0.9 以上（>0.5），同时表 6-9 中两个因子的累计方差贡献率已达到 85.662%，说明量表的效度良好。

二、资源整合

资源整合的信度检验结果，如表 6-11 所示。

表 6-11 资源整合信度检验结果（N=609）

变量	维度	题项	修正后的项与总计相关性	删除项后的 Cronbach's α	标准化后的 α 系数
资源整合（ZYZH）	资源管理（RM）	RM1	0.820	0.887	0.915
		RM2	0.817	0.889	
		RM3	0.852	0.860	
	整合绩效（IP）	IP1	0.836	0.868	0.914
		IP2	0.834	0.869	
		IP3	0.808	0.890	

由表 6-11 可知，资源管理的信度系数值为 0.915（>0.7），删除项后的 Cronbach's α 分别为 RM1=0.887、RM2=0.889、RM3=0.860，均小于标准化后的 α 系数 0.915，并且在删除任意题项后没有明显变化。此外，修正后的项与总计相关性分别为 RM1=0.820、RM2=0.817、RM3=0.852，均大于 0.4，以上数据都说明资源管理的信度质量可以接受。整合绩效的信度系数值为 0.914（>0.7）。删除项后的 Cronbach's α 分别为 IP1=0.868、IP2=0.869、IP3=0.890，均小于标准化后的 α 系数 0.914，并且在删除任意题项后没有明显变化。此

外，修正后的项与总计相关性分别为 IP1=0.836、IP2=0.834、IP3=0.808，均大于 0.4，以上数据都说明整合绩效的信度质量可以接受。

资源整合量表的效度检验是通过对资源整合的两个维度进行因子分析完成的，分析结果如表 6-12、表 6-13、表 6-14 所示。

表 6-12 资源整合 KMO 和巴特利特检验（N=609）

KMO 取样适切性量数		0.772
巴特利特球形度检验	近似卡方	1327.12
	自由度	15
	显著性	0.000

从表 6-12 的检验结果可以看出，资源整合的 KMO 检验结果为 0.772（>0.70），Bartlett 球形检验的近似卡方分布为 1327.12，自由度为 15，显著性概率值达到显著水平（P=0.000<0.001），表明数据适合进行因子分析。接着对资源整合量表进行探索性因子分析，如表 6-13 所示。

表 6-13 资源整合探索性因子分析（N=609）

成分	初始特征值			提取载荷平方和			旋转载荷平方和		
	总计	方差百分比	累积 %	总计	方差百分比	累积 %	总计	方差百分比	累积 %
1	3.244	54.059	54.059	3.244	54.059	54.059	2.569	42.82	42.820
2	1.887	31.454	85.513	1.887	31.454	85.513	2.562	42.693	85.513
3	0.264	4.400	89.913						
4	0.238	3.970	93.883						
5	0.194	3.234	97.117						
6	0.173	2.883	100						

表 6-14 资源整合旋转后的成分矩阵 a（N=609）

变量	维度	题项	成分 1	成分 2
资源整合	资源管理（RM）	RM1	0.920	
		RM2	0.904	
		RM3	0.926	
	整合绩效（IP）	IP1		0.923
		IP2		0.923
		IP3		0.898

从表 6-14 中可以看出，最大方差法旋转后共得到两个公因子，资源管理下的因子载荷为 RM1=0.920、RM2=0.904、RM3=0.926，财政扶持下的因子载荷为 IP1=0.923、IP2=0.923、IP3=0.898，每个公因子下各题项的因子载荷均在 0.8 以上（>0.5），同时表 6-13 中两个因子的累计方差贡献率已达到 85.513%，说明量表的效度良好。

三、协同创新

协同创新的信度检验结果，如表 6-15 所示。

表 6-15 协同创新信度检验结果（N=609）

变量	维度	题项	修正后的项与总计相关性	删除项后的 Cronbach's α	标准化后的 α 系数
协同创新（XTCX）	知识协同（KC）	KC1	0.836	0.882	0.919
		KC2	0.832	0.886	
		KC3	0.839	0.879	
	战略协同（SE）	SE1	0.831	0.868	0.913
		SE2	0.808	0.887	
		SE3	0.833	0.867	

由表 6-15 可知，知识协同的信度系数值为 0.919（>0.7），删除项后的 Cronbach's α 分别为 KC1=0.882、KC2=0.886、KC3=0.879，均小于标准化后的 α 系数 0.919，并且在删除任意题项后没有明显变化。此外，修正后的项与总计相关性分别为 KC1=0.836、KC2=0.832、KC3=0.839，均大于 0.4，以上数据都说明知识协同的信度质量可以接受。战略协同的信度系数值为 0.913（>0.7）。删除项后的 Cronbach's α 分别为 SE1=0.868、SE2=0.887、SE3=0.867，均小于标准化后的 α 系数 0.913，并且在删除任意题项后没有明显变化。此外，修正后的项与总计相关性分别为 SE1=0.831、SE2=0.808、SE3=0.833，均大于 0.4，以上数据都说明战略协同的信度质量可以接受。

协同创新量表的效度检验是通过对协同创新的两个维度进行因子分析完成的，分析结果如表 6-16、表 6-17、表 6-18 所示。

表 6-16 协同创新 KMO 和巴特利特检验（N=609）

KMO 取样适切性量数		0.777
巴特利特球形度检验	近似卡方	1324.915
	自由度	15
	显著性	0.000

从表 6-16 的检验结果可以看出，协同创新的 KMO 检验结果为 0.777（>0.70），Bartlett 球形检验的近似卡方分布为 1324.915，自由度为 15，显著性概率值达到显著水平（P=0.000<0.001），表明数据适合进行因子分析。接着对协同创新量表进行探索性因子分析，如表 6-17 所示。

表 6-17 协同创新探索性因子分析（N=609）

成分	初始特征值			提取载荷平方和			旋转载荷平方和		
	总计	方差百分比	累积%	总计	方差百分比	累积%	总计	方差百分比	累积%
1	3.233	53.885	53.885	3.233	53.885	53.885	2.582	43.037	43.037
2	1.903	31.719	85.604	1.903	31.719	85.604	2.554	42.567	85.604
3	0.246	4.100	89.704						
4	0.234	3.894	93.598						
5	0.201	3.351	96.949						
6	0.183	3.051	100						

表 6-18 协同创新旋转后的成分矩阵 a（N=609）

变量	维度	题项	成分 1	成分 2
协同创新	知识协同（KC）	KC1	0.922	
		KC2	0.917	
		KC3	0.921	
	战略协同（SE）	SE1		0.922
		SE2		0.902
		SE3		0.920

从表 6-18 中可以看出，最大方差法旋转后共得到两个公因子，知识协同下的因子载荷为 KC1=0.922、KC2=0.917、KC3=0.921，财政扶持下的因子载荷为 SE1=0.922、SE2=0.902、SE3=0.920，每个公因子下各题项的因子载荷均在 0.9 以上（>0.5），同时表 6-17 中两个因子的累计方差贡献率已达到 85.604%，说明量表的效度良好。

四、商业模式创新

商业模式创新的信度检验结果，如表6-19所示。

表6-19 商业模式创新信度检验（N=609）

变量	维度	题项	修正后的项与总计相关性	删除项后的Cronbach's α	标准化后的α系数
商业模式创新（SYMS）	创新路径（IR）	IR1	0.823	0.841	0.899
		IR2	0.773	0.883	
		IR3	0.813	0.846	
	创新绩效（IM）	IM1	0.866	0.914	0.937
		IM2	0.866	0.913	
		IM3	0.852	0.918	

由表6-19可知，创新路径的信度系数值为0.899（>0.7），删除项后的Cronbach's α分别为IR1=0.841、IR2=0.883、IR3=0.846，均小于标准化后的α系数0.899，并且在删除任意题项后没有明显变化。此外，修正后的项与总计相关性分别为IR1=0.823、IR2=0.773、IR3=0.813，均大于0.4，以上数据都说明创新路径的信度质量可以接受。创新绩效的信度系数值为0.937（>0.7）。删除项后的Cronbach's α分别为IM1=0.914、IM2=0.913、IM3=0.918，均小于标准化后的α系数0.937，并且在删除任意题项后没有明显变化。此外，修正后的项与总计相关性分别为IM1=0.866、IM2=0.866、IM3=0.852，均大于0.4，以上数据都说明创新绩效的信度质量可以接受。

商业模式创新量表的效度检验是通过对商业模式创新的两个维度进行因子分析完成的，分析结果如表6-20、表6-21、表6-22所示。

表 6-20 商业模式创新 KMO 和巴特利特检验（N=609）

KMO 取样适切性量数		0.837
巴特利特球形度检验	近似卡方	1690.027
	自由度	21
	显著性	0.000

从表 6-20 的检验结果可以看出，商业模式创新的 KMO 检验结果为 0.837（大于 0.70），Bartlett 球形检验的近似卡方分布为 1690.027，自由度为 21，显著性概率值达到显著水平（P=0.000<0.001），表明数据适合进行因子分析。接着对商业模式创新量表进行探索性因子分析，如 6-21 所示。

表 6-21 商业模式创新探索性因子分析（N=609）

成分	初始特征值			提取载荷平方和			旋转载荷平方和		
	总计	方差百分比	累积%	总计	方差百分比	累积%	总计	方差百分比	累积%
1	3.918	55.967	55.967	3.918	55.967	55.967	3.348	47.833	47.833
2	1.958	27.974	83.941	1.958	27.974	83.941	2.528	36.108	83.941
3	0.299	4.272	88.213						
4	0.247	3.529	91.742						
5	0.235	3.362	95.105						
6	0.178	2.540	97.645						
7	0.165	2.355	100						

表 6-22 商业模式创新旋转后的成分矩阵（N=609）

变量	维度	题项	成分 1	成分 2
商业模式创新	创新路径（IR）	IR1		0.912
		IR2		0.892
		IR3		0.905
	创新绩效（IM）	IM1	0.915	
		IM2	0.920	
		IM3	0.910	

从表 6-22 中可以看出，最大方差法旋转后共得到两个公因子，创新路径下的因子载荷为 IR1=0.912、IR2=0.892、IR3=0.905，创新绩效下的因子载荷为 IM1=0.915、IM2=0.920、IM3=0.910，每个公因子下各题项的因子载荷均在 0.8 以上（>0.5），同时表 6-21 中两个因子的累计方差贡献率已达到 83.941%，说明量表的效度良好。

第三节　变量的相关性分析

本书中的相关性分析是指皮尔逊双变量相关性分析，即对两个独立的指标/变量一对一地进行分析操作。相关性分析用来观测两个变量之间的关联程度，即只能测量是否有关系、关系强弱/大小。相关分析呈现出的显著性程度一般在 0~1 之间，关系的紧密程度直接看相关系数大小，当相关系数值小于 0.2 时，说明关系较弱，但依然有相关关系。

为探究变量之间是否具有相关性，本书对政府扶持、资源整合、协同创新和商业模式创新两两做相关性分析，参与分析的个案数为 609，具体如表 6-23 所示。

表 6-23 变量之间的相关性分析（N=609）

变量		政府扶持	资源整合	协同创新	商业模式创新
政府扶持	皮尔逊相关性	1	0.976**	0.934**	0.901**
	显著性（双尾）		0.000	0.000	0.000
	个案数	609	609	609	609
资源整合	皮尔逊相关性	0.976**	1	0.926**	0.893**
	显著性（双尾）	0.000		0.000	0.000
	个案数	609	609	609	609
协同创新	皮尔逊相关性	0.934**	0.926**	1	0.867**
	显著性（双尾）	0.000	0.000		0.000
	个案数	609	609	609	609
商业模式创新	皮尔逊相关性	0.901**	0.893**	0.867**	1
	显著性（双尾）	0.000	0.000	0.000	
	个案数	609	609	609	609

注：** 表示在 0.01 级别（双尾），相关性显著。

由表 6-23 可知，政府扶持与协同创新具有显著的相关关系，相关系数为 0.934；资源整合与协同创新具有显著的相关关系，相关系数为 0.926；政府扶持与商业模式创新具有显著的相关关系，相关系数为 0.901；资源整合与商业模式创新具有显著的相关关系，相关系数为 0.893；协同创新与商业模式创新具有显著的相关关系，相关系数为 0.867。上述数据表明，各变量之间都具有一定的相互联系，为研究各变量间的相互关联程度，下面还将进一步做回归分析。

第四节　回归分析与假设检验

本书是在理论基础上建立理论模型，并对模型进行线性回归分析，通过将两个及两个以上的变量定义为自变量或者因变量，进行多次回归，并分析回归出来的结果，以探究政府扶持、资源整合、协同创新和商业模式创新四者之间的关系。如果回归分析结果显示 $p<0.05$，则说明变量间有影响关系。通常需要看以下几个指标：R^2 在 0~1 之间，数值越接近 1 越好，方程模型拟合高，同时 VIF 值代表方差膨胀因子，所有的 VIF 值均需要小于 10，相对严格的标准是小于 5，则表明回归模型不存在多重共线性。

一、政府扶持与商业模式创新的关系

为探究政府扶持与商业模式创新两者之间的关系，本书将政府扶持的政策支持、财政扶持这两个维度作为自变量，而将商业模式创新作为因变量进行线性回归分析，如表 6-24 所示。

表 6-24　政府扶持与商业模式创新线性回归（N=609）

题项	未标准化系数 B	标准误差	标准化系数 Beta	t	显著性	VIF	R^2	调整后的 R^2	F
常量	0.271	0.105		2.586	0.010				
PS	0.438	0.022	0.515	20.313	0.000	1.056	0.814	0.812	668.026
SR	0.488	0.020	0.632	24.909	0.000	1.056			

由表 6-24 可知，政府扶持的两个维度可以解释商业模式创新（模型 R2=0.812）81.2% 的变化原因。p=0.000<0.05，VIF 值均为 1.056，均小于 10，表明模型不存在多重共线性。政府扶持的两个维度对商业模式创新产生影响的模型公式为：商业模式创新 =0.271+0.438* 政策支持 +0.488* 财政扶持。由此可知：政府扶持的维度之一政策支持对商业模式创新的回归显著（β=0.515，P<0.05），两者间有显著的正向影响关系，假设 H1a 成立；政府扶持的维度之一财政扶持对商业模式创新的回归显著（β=0.632，P<0.05），两者间有显著的正向影响关系，假设 H1b 成立。

二、资源整合与商业模式创新的关系

为探究资源整合与商业模式创新两者之间的关系，本书将资源整合的资源管理、整合绩效这两个维度作为自变量，而将商业模式创新作为因变量进行线性回归分析，如表 6-25 所示。

表 6-25 资源整合与商业模式创新线性回归（N=609）

题项	未标准化系数 B	标准误差	标准化系数 Beta	t	显著性	VIF	R^2	调整后的 R^2	F
常量	0.387	0.105		3.691	0.000		0.802	0.801	620.089
RM	0.406	0.022	0.493	18.687	0.000	1.075			
IP	0.495	0.021	0.629	23.853	0.000	1.075			

由表 6-25 可知，资源整合的两个维度可以解释商业模式创新（模型 R^2=0.801）80.1% 的变化原因。p=0.000<0.05，VIF 值均为 1.075，均小于 5，表明模型不存在多重共线性。资源整合的两个维度对商业模式创新产生影响的模型公式为：商业模式创新 =0.387+0.406* 资源管理 +0.495* 整合绩效。由此可知：资源整合的维度之一资源管理对商业模式创新的回归显著（β=0.493，P<0.05），两者间具有显著的正向影响关系，假设 H2a 成立；资源整合的维度之一整合绩效对商业模式创新的回归显著（β=0.629，P<0.05），两者间具有显著的正向影响关系，假设 H2b 成立。

三、政府扶持与协同创新的关系

为探究政府扶持与协同创新两者之间的关系，本书将政府扶持的政策支持、财政扶持这两个维度作为自变量，而将协同创新作为因变量进行线性回归分析，如表 6-26 所示。

表 6-26 政府扶持与协同创新线性回归（N=609）

题项	未标准化系数 B	标准误差	标准化系数 Beta	t	显著性	VIF	R^2	调整后的 R^2	F
常量	0.237	0.083		2.851	0.005		0.874	0.874	1065.184
PS	0.498	0.017	0.604	29.006	0.000	1.056			
SR	0.441	0.016	0.589	28.279	0.000	1.056			

由表 6-26 可知，政府扶持的两个维度可以解释协同创新（模型 R2=0.874）87.4% 的变化原因。p=0.000<0.05，VIF 值均为 1.056，均小于 5，表明模型不存在多重共线性。政府扶持的两个维度对协同创新产生影响的模型公式为：协同创新 =0.237+0.498* 政策支持 +0.441* 财政扶持。由此可知：政府扶持的维度之一政策支持对协同创新的回归显著（β=0.604，P<0.05），两者间具有显著的正向影响关系，假设 H3a 成立；政府扶持的维度之一财政扶持对协同创新的回归显著（β=0.589，P<0.05），两者间具有显著的正向影响关系，假设 H3b 成立。

四、资源整合与协同创新的关系

为探究资源整合与协同创新两者之间的关系，本书将资源整合的资源管理、整合绩效这两个维度作为自变量，而将协同创新作为因变量进行线性回归分析，如表 6-27 所示。

表 6-27　资源整合与协同创新线性回归（N=609）

题项	未标准化系数 B	标准误差	标准化系数 Beta	t	显著性	VIF	R^2	调整后的 R^2	F
常量	0.373	0.086		4.336	0.000		0.858	0.857	924.252
RM	0.459	0.018	0.575	25.741	0.000	1.075			
IP	0.450	0.017	0.590	26.415	0.000	1.075			

由表 6-27 可知，资源整合的两个维度可以解释协同创新（模型 R^2=0.857）85.7% 的变化原因。p=0.000<0.05，VIF 值均为 1.075，均小于 5，表明模型不存在多重共线性。资源整合的两个维度对协同创新产生影响的模型公式为：协同创新 =0.373+0.459* 资源管理 +0.450* 整合绩效。由此可知：资源整合的维度之一资源管理对协同创新的回归显著（β=0.575，P<0.05），两者间具有显著的正向影响关系，假设 H4a 成立；资源整合的维度之一整合绩效对协同创新的回归显著（β=0.590，P<0.05），两者间具有显著的正向影响关系，假设 H4b 成立。

五、协同创新与商业模式创新的关系

为探究协同创新与商业模式创新两者之间的关系，本书将协同创新的知识协同、战略协同这两个维度作为自变量，而将商业模式创新作为因变量进行线性回归分析，如表 6-28 所示。

表 6-28 协同创新与商业模式创新线性回归（N=609）

题项	未标准化系数 B	标准误差	标准化系数 Beta	t	显著性	VIF	R^2	调整后的 R^2	F
常量	0.378	0.120		3.144	0.002				
KC	0.462	0.025	0.543	18.436	0.000	1.072	0.752	0.751	465.105
SE	0.434	0.023	0.551	18.699	0.000	1.072			

由表 6-28 可知，协同创新的两个维度可以解释商业模式创新（模型 $R^2=0.751$）75.1% 的变化原因。p=0.000<0.05，VIF 值均为 1.072，均小于 5，表明模型不存在多重共线性。协同创新的两个维度对商业模式创新产生影响的模型公式为：商业模式创新 =0.378+0.462* 知识协同 +0.434* 战略协同。由此可知：协同创新的维度之一知识协同对商业模式创新的回归显著（β =0.543，P<0.05），两者间具有显著的正向影响关系，假设 H5a 成立；协同创新的维度之一战略协同对商业模式创新的回归显著（β =0.551，P<0.05），两者间具有显著的正向影响关系，假设 H5b 成立。

六、协同创新的中介效应

既然政府扶持和资源整合是通过协同创新对商业模式创新产生影响，那么，接下来就要探讨协同创新是否存在中介效应。本书共进行了 5 次回归分析，分别是政府扶持对商业模式创新的回归分析、资源整合对商业模式创新的回归分析、政府扶持对协同创新的回归分析、资源整合对协同创新的回归分析、协同创新对商业模式创新的回归分析。当方差膨胀因子（VIF）满足 1<VIF<10 时，回归模型中不存在多重共线性问题。从回归分析中可以看出，本研究不存在共线性的问题。

1. 协同创新在政府扶持对商业模式创新影响中的中介效应

为探究协同创新在政府扶持对商业模式创新影响中的中介效应，本研究构建了相关模型，并对模型结果做了分析。

研究模型说明如下。

模型1：将自变量政府扶持与因变量商业模式创新进行回归检验。

模型2：将自变量政府扶持与中介变量协同创新进行回归检验。

模型3：将自变量政府扶持、中介变量协同创新、因变量商业模式创新同时进行回归检验。

对以上3个模型进行多元回归分析，结果如表6-29所示。

表6-29 政府扶持、协同创新、商业模式创新多元回归（N=609）

变量	模型1（商业模式创新）	模型2（协同创新）	模型3（商业模式创新）
常数	0.247	0.264	0.193
政府扶持	0.930	0.935	0.738
协同创新			0.206
R^2	0.812	0.872	0.817
调整后的R^2	0.812	0.872	0.816
F值	1327.616	2098.857	684.274

由表6-29可知，首先，在模型1中，政府扶持对商业模式创新的回归显著，回归模型的R^2=0.812，调整后的R^2=0.812，F=1327.616，说明回归模型拟合较好，且回归系数β=0.247（P<0.001），假设H6得到验证。

其次，在模型2中，政府扶持对协同创新的回归显著，回归模型的R^2=0.872，调整后的R^2=0.872，F=2098.857，说明回归模型拟合较好，且回归系数β=0.264（P<0.001），假设H3得到验证。

最后，在模型 3 中，当协同创新作为中介变量加入后，回归模型的 $R^2=0.817$，调整后的 $R^2=0.816$，$F=684.274$，说明回归模型拟合较好。其中，政府扶持对商业模式创新的影响系数减小，由模型 1 的系数 $\beta=0.247$（$P<0.001$）下降为模型 3 的 $\beta=0.193$（$P<0.001$），表明协同创新在政府扶持对商业模式创新的影响中起部分中介作用。中介效应占总效应的比值为 $0.935×0.206/0.930×100\%=20.71\%$。

此外，针对政府扶持对商业模式创新影响过程中协同创新的中介作用检验，如果间接效应值的 95%CI 值不包括数字 0，则说明具有中介作用。分析结果表明 95% 区间并不包括数字 0（95%CI：0.35～0.58），进一步说明协同创新起到了中介作用。因此，H6 得到验证。

2. 协同创新在资源整合对商业模式创新影响中的中介效应

为探究协同创新在资源整合对商业模式创新影响中的中介效应，本研究构建了相关模型，并对模型结果做了分析。

研究模型说明如下。

模型 1：将自变量资源整合与因变量商业模式创新进行回归检验。

模型 2：将自变量资源整合与中介变量协同创新进行回归检验。

模型 3：将自变量资源整合、中介变量协同创新、因变量商业模式创新同时进行回归检验。

对以上 3 个模型进行多元回归分析，结果如表 6-30 所示。

表 6-30 资源整合、协同创新、商业模式创新线性回归（N=609）

变量	模型 1 （商业模式创新）	模型 2 （协同创新）	模型 3 （商业模式创新）
常数	0.362	0.376	0.253
资源整合	0.905	0.909	0.641
协同创新			0.290

续表

变量	模型 1 （商业模式创新）	模型 2 （协同创新）	模型 3 （商业模式创新）
R^2	0.798	0.858	0.809
调整后的 R^2	0.797	0.857	0.808
F 值	1209.908	1853.760	647.492

由表 6-30 可知，首先，在模型 1 中，资源整合对商业模式创新的回归显著，回归模型的 R^2=0.798，调整后的 R^2=0.797，F=1209.908，说明回归模型拟合较好，且回归系数 β=0.362（P<0.001），假设 H7 得到验证。

其次，在模型 2 中，资源整合对协同创新的回归显著，回归模型的 R^2=0.858，调整后的 R^2=0.857，F=1853.760，说明回归模型拟合较好，且回归系数 β=0.376（P<0.001），假设 H4 得到验证。

最后，在模型 3 中，当协同创新作为中介变量加入后，回归模型的 R^2=0.809，调整后的 R^2=0.808，F=647.492，说明回归模型拟合较好。其中，资源整合对商业模式创新的影响系数减小，由模型 1 的系数 β=0.362（P<0.001）下降为模型 3 的 β=0.253（P<0.001），表明协同创新在资源整合对商业模式创新的影响中起部分中介作用。中介效应占总效应的比值为 0.909×0.290/0.905×100%=29.13%。

此外，针对资源整合对商业模式创新影响过程中协同创新的中介作用检验，如果间接效应值的 95%CI 值不包括数字 0，则说明具有中介作用。分析结果表明 95% 区间并不包括数字 0（95%CI：0.35～0.58），进一步说明协同创新起到了中介作用。因此，H7 得到验证。

第五节　稳健性检验

为保证实证结果的准确性，本书进行了稳健性检验。将原本数据中的各题项和变量由平均值来定义改为由该题项或者变量的总和来定义，并重新进行回归检验。本节将展示稳健性检验的部分过程。

一、政府扶持与商业模式创新稳健性探讨

通过求和来重新定义题项与变量的方式，重新对政府扶持与商业模式创新进行回归检验，结果发现 R2 没有明显变化，且显著性与之前的结果相比没有差异（见表6-31），表明该回归检验过程稳健性良好，政府扶持的两个维度政策支持和财政扶持对商业模式创新具有显著正向影响。

表 6-31　政府扶持与商业模式创新稳健性探讨（N=609）

题项	未标准化系数 B	未标准化系数 标准误差	标准化系数 Beta	t	显著性	VIF	R^2	调整后的 R^2	F
常量	1.894	0.732		2.586	0.010				
PS（求和）	1.023	0.050	0.515	20.313	0.000	1.056	0.814	0.812	668.026
SR（求和）	1.139	0.046	0.632	24.909	0.000	1.056			

二、资源整合与商业模式创新稳健性探讨

通过求和来重新定义题项与变量的方式,重新对资源整合与商业模式创新进行回归检验,结果发现 R^2 没有明显变化,且显著性与之前的结果相比没有差异(见表 6-32),表明该回归检验过程稳健性良好,资源整合的资源管理维度和整合绩效维度对商业模式创新具有显著正向影响。

表 6-32 资源整合与商业模式创新稳健性探讨(N=609)

题项	未标准化系数 B	标准误差	标准化系数 Beta	t	显著性	VIF	R^2	调整后的 R^2	F
常量	2.71	0.734		3.691	0.000				
RM(求和)	0.948	0.051	0.493	18.687	0.000	1.075	0.802	0.801	620.089
IP(求和)	1.155	0.048	0.629	23.853	0.000	1.075			

三、政府扶持与协同创新稳健性探讨

通过求和来重新定义题项与变量的方式,重新对政府扶持与协同创新进行回归检验,结果发现 R^2 没有明显变化,且显著性与之前的结果相比没有差异(见表 6-33),该回归检验过程证明回归的稳健性良好,政府扶持的政策支持维度和财政扶持维度对协同创新具有显著正向影响。

表 6-33 政府扶持与协同创新稳健性探讨（N=609）

题项	未标准化系数 B	未标准化系数 标准误差	标准化系数 Beta	t	显著性	VIF	R^2	调整后的 R^2	F
常量	1.424	0.499		2.851	0.005				
PS（求和）	0.996	0.034	0.604	29.006	0.000	1.056	0.874	0.874	1065.184
SR（求和）	0.882	0.031	0.589	28.279	0.000	1.056			

四、资源整合与协同创新稳健性探讨

通过求和来重新定义题项与变量的方式，重新对资源整合与协同创新进行回归检验，结果发现 R^2 没有明显变化，且显著性与之前的结果相比没有差异（见表6-34），该回归检验过程证明回归的稳健性良好，资源整合的资源管理维度和整合绩效维度对协同创新具有显著正向影响。

表 6-34 资源整合与协同创新稳健性探讨（N=609）

题项	未标准化系数 B	未标准化系数 标准误差	标准化系数 Beta	t	显著性	VIF	R^2	调整后的 R^2	F
常量	2.241	0.517		4.336	0.000				
RM（求和）	0.919	0.036	0.575	25.741	0.000	1.075	0.858	0.857	924.252
IP（求和）	0.9	0.034	0.59	26.415	0.000	1.075			

五、协同创新与商业模式创新稳健性探讨

通过求和来重新定义题项与变量的方式，重新对协同创新与商业模式创新进行回归检验，结果发现 R^2 没有明显变化，且显著性与之前的结果相比没有明显差异（见表 6-35），该回归检验过程证明回归的稳健性良好，协同创新的知识协同维度和战略协同维度对商业模式创新具有显著正向影响。

表 6-35 协同创新与商业模式创新稳健性探讨（N=609）

题项	未标准化系数 B	标准误差	标准化系数 Beta	t	显著性	VIF	R^2	调整后的 R^2	F
常量	2.648	0.842		3.144	0.002				
KC（求和）	1.078	0.058	0.543	18.436	0.000	1.072	0.752	0.751	465.105
SE（求和）	1.013	0.054	0.551	18.699	0.000	1.072			

六、协同创新在政府扶持对商业模式创新影响中的中介效应稳健性探讨

通过求和来重新定义题项与变量的方式，对协同创新在政府扶持对商业模式创新影响中的中介效应重新进行了检验，结果发现 R^2 没有明显变化，且显著性与之前的结果相比没有明显差异（见表 6-36），该回归检验过程证明回归的稳健性良好，协同创新在政府扶持对商业模式创新的影响中具有中介作用。

表 6-36　协同创新在政府扶持对商业模式创新影响中的中介效应稳健性探讨

变量	模型 1（商业模式创新）	模型 2（协同创新）	模型 3（商业模式创新）
常数	1.732	1.581	1.353
政府扶持	1.085	0.935	0.861
协同创新			0.240
R^2	0.812	0.872	0.817
调整后的 R^2	0.812	0.872	0.816
F 值	1327.616	2098.857	684.274

七、协同创新在资源整合对商业模式创新影响中的中介效应稳健性探讨

通过求和来重新定义题项与变量的方式，对协同创新在资源整合对商业模式创新影响中的中介效应重新进行了检验，结果发现 R^2 没有明显变化，且显著性与之前的结果相比没有明显差异（见表 6-37），该回归检验过程证明回归的稳健性良好，协同创新在资源整合对商业模式创新的影响中具有中介作用。

表 6-37　协同创新在资源整合对商业模式创新影响中的中介效应稳健性探讨

变量	模型 1（商业模式创新）	模型 2（协同创新）	模型 3（商业模式创新）
常数	2.534	2.256	1.77
资源整合	1.055	0.909	0.747
协同创新			0.339

续表

变量	模型 1 （商业模式创新）	模型 2 （协同创新）	模型 3 （商业模式创新）
R^2	0.798	0.858	0.809
调整后的 R^2	0.797	0.857	0.808
F 值	1209.908	1853.760	647.492

由以上过程可知，本书的实证过程稳健性良好，所得结果具有一定的准确性和可靠性。

第六节 检验结果分析与讨论

通过以上的实证分析过程，可以探究出政府扶持、资源整合、协同创新和商业模式创新四者之间的关系。本节将汇总所有研究的实证结果并加以分析讨论。

一、实证结果汇总

通过前文的相关分析、多元回归分析和中介检验，可以获得关于变量间关系的实证结果。在此基础上，对假设做出总结，如表 6-38 所示。

表 6-38 假设验证汇总表

假设编号	假设	假设结果
H1	政府扶持对商业模式创新具有显著正向影响	成立
H1a	政府扶持中的政策支持维度对商业模式创新具有显著正向影响	成立
H1b	政府扶持中的财政扶持维度对商业模式创新具有显著正向影响	成立
H2	资源整合对商业模式创新具有显著正向影响	成立
H2a	资源整合中的资源管理维度对商业模式创新具有显著正向影响	成立
H2b	资源整合中的整合绩效维度对商业模式创新具有显著正向影响	成立
H3	政府扶持对协同创新具有显著正向影响	成立
H3a	政府扶持中的政策支持维度对协同创新具有显著正向影响	成立
H3b	政府扶持中的财政扶持维度对协同创新具有显著正向影响	成立
H4	资源整合对协同创新具有显著正向影响	成立
H4a	资源整合中的资源管理维度对协同创新具有显著正向影响	成立
H4b	资源整合中的整合绩效维度对协同创新具有显著正向影响	成立
H5	协同创新对商业模式创新具有显著正向影响	成立
H5a	协同创新中的知识协同维度对商业模式创新具有显著正向影响	成立
H5b	协同创新中的战略协同维度对商业模式创新具有显著正向影响	成立
H6	协同创新在政府扶持对商业模式创新的影响中起到中介作用	成立
H7	协同创新在资源整合对商业模式创新的影响中起到中介作用	成立

二、检验结果分析与讨论

通过相关分析和多元回归分析证实了企业的政府扶持、资源整合、协同创新和商业模式创新这4个变量之间存在正向影响的关系。下面将对实证分析的结果进行分析和讨论。

1. 政府扶持和商业模式创新的讨论

从历次科技变革过程中可以看到,每一次科技变革都会对政府管理带来影响,"互联网+"时代背景下,其影响将更为广泛和深远。一是政府管理对象和环境发生变化;二是新型产业生态促使政府管理结构向扁平化、一体化方向发展;三是政府在公共安全、应对危机等方面的能力受到挑战。政府对企业开展扶持的根本出发点在于发展国家经济,其制定政策的视角是宏观的。在新型研发机构亟待发展的时期,政府扶持可以为新型研发机构缓解资金压力并带来许多程序上的便利。所以,可以认为政府扶持对新型研发机构商业模式创新具有正向影响。

2. 资源整合和商业模式创新的讨论

全球化潜移默化地影响着人们的生产和生活方式。随着外部环境的变化,商业边界也在不断地被重新界定。无论是模式的构成要素,还是核心架构如制造、供应链管理、销售、市场等,抑或是非核心架构如人力资源、财务等,都在全球化的背景下进行整合。新型研发机构的资源整合能力如何决定了其对资源的利用效率如何,也影响着新型研发机构进行商业模式创新的基本条件。所以,可以认为资源整合对新型研发机构商业模式创新具有正向影响。

3. 协同创新的中介效应讨论

我国经济由高速增长阶段进入高质量发展阶段,产业发展的内外部环境发生了深刻变化,对供应链产业链协同创新发展提出更高要求,需要以数据要素流动为基础,建立安全稳定高效的"双链"驱动体系,助力经济高质量发展。

可见协同创新在我国经济发展中的重要作用，新型研发机构所得到的各种资源需要进行较好的利用与整合才能真正发挥资源的作用。例如，机构要利用好政府的扶持，便需要发挥协同创新的能力，使之更好地作用于机构发展，使机构获得更大的竞争优势，从而更有利于实施商业模式创新。协同创新在资源整合与商业模式创新之间也有类似的妙处。

协同创新在企业的政府扶持、资源整合对商业模式创新的影响过程中起到中介作用的结论，具有重要的现实指导意义。实证分析表明，协同创新起到了部分中介的作用，即政府扶持和资源整合不仅可以直接影响商业模式创新的提升，还可以通过协同创新间接地促进商业模式创新的形成。

第七节　本章小结

本章对前面提出的17个假设进行了实证检验。首先对量表变量展开了充分性验证、因子分析、效度和信度检验等，确认各变量因子满足回归分析条件后，分别对理论模型中的直接效应、中介效应相关假设逐一进行回归分析并得出相应结论。

研究结果表明：第一，政府扶持、资源整合对商业模式创新有显著正向影响；第二，政府扶持、资源整合对协同创新有显著正向影响；第三，协同创新对商业模式创新有显著正向影响；第四，协同创新在政府扶持、资源整合对商业模式创新的影响过程中起到中介作用。

为确保结论的准确性，又以求和定义变量代替平均值定义变量来重新计算变量，并用计算所得的新变量重新进行回归检验，对比前后结果，发现显著性并无明显差异，以此证明本研究的稳健性良好。

最后，对政府扶持、资源整合、协同创新和商业模式创新的相互关系及作用机理进行了深入的分析和讨论。

第七章

案例佐证

第一节　肇庆市华师大光电产业研究院

本节从政府扶持、资源整合、协同创新、商业模式创新4个方面对研究院的现状进行描述，其中，政府扶持包括政策支持和财政扶持两个方面，资源整合包括资源管理和整合绩效两个方面，协同创新包括知识协同和战略协同两个方面，商业模式创新包括创新路径和创新绩效两个方面。此外，还通过肇庆市华师大光电产业研究院的相关资料对本书提出的假设进行验证，并对其效果进行了分析。

一、企业现状

1. 政府扶持

对肇庆市华师大光电产业研究院的政府扶持的现状描述主要从政策支持和财政扶持两方面展开。

（1）政策支持。

近年来，肇庆市围绕粤港澳大湾区高水平人才高地建设，深入推进人才强市建设，以实施"西江人才计划"为主线，出政策、优服务、强保障，坚持党管人才、注重引育并举、强化产业导向，为加快建设珠三角核心区西部增长极和粤港澳大湾区现代新都市提供强有力的人才支撑。肇庆市落实党委联系服务专家制度，实施"人才工作书记项目"，压实"一把手抓第一资源"责任，督促指导各地各单位选准立项方向、落实项目保障、推动项目落地。

在原有"西江人才计划""1+10+N"政策体系基础上，肇庆市坚持与时俱进，推动人才政策优化升级，从人才发展机制改革、调整人才项目体系结构、构建青年人才梯队、壮大紧缺产业人才队伍、建设实用型乡村振兴人才队伍、集聚重点领域社会事业人才、激发国资国企人才工作活力、改善人才发展生态环境等8个方面陆续出台子政策和配套政策，重构"西江人才计划"政策体系，为推进粤港澳大湾区高水平人才高地建设提供坚实的政策保障。

为提升地方科技创新平台研发水平和创新资源集聚能力，政府支持重点实验室、广东省实验室、工程技术（研究）中心、新型研发机构等创新平台开展基础与应用基础研究，支持企业在市外建立异地创新中心、研发中心等创新平台，集聚国内外成果、人才、产业等创新资源。

（2）财政扶持。

据了解，肇庆市高新区自2017年以来，出台了不少扶持创新创业企业发展的政策。2018年高新区共兑现科技创新扶持资金8000多万元，覆盖了创新主体、平台载体的建设，以及科技服务和科技金融等领域。接下来，肇庆市高新区将继续大力扶持创新创业企业，为高企、高端人才打造更加优良的发展和生活环境。2023年，肇庆市又颁布一系列措施支持地方科技创新以支撑高质量发展。

第一，支持关键核心及共性技术攻关。政府实施市重点领域研发计划，按照《肇庆市重点领域研发计划管理办法（试行）》，以"揭榜挂帅""赛马制"等项目遴选方式，重点支持全市重点产业和产业集群开展关键核心及共性技术攻关。

第二，支持高新技术企业高质量发展。强化"科技型中小企业—高新技术企业—标杆高新技术企业"链条培育，对2023年以来发文认定为高新技术企业的"四上"（规上工业、规上服务业、限上贸易业和资质内建筑业）企业和市级以上农业龙头企业以及在资格有效期内实现"四上"的企业，给予10万元补助。对从外地整体搬迁到我市且在资格有效期内实现"四上"的高新技术企业，给予10万元补助。技术先进型服务企业视同高新技术企业，同一企业不重复补助。

第三，支持科技创新平台体系建设。政府对2023年以来发文认定为工程技术研究中心的依托单位，给予国家级50万元、省级20万元一次性补助，同一企业不重复享受。对通过认定的新型研发机构，给予省级30万元一次性补助。上述补助资金按照晋级补差额的原则执行。

2. 资源整合

对肇庆市华师大广电产业研究院的资源整合的现状描述主要从资源管理和整合绩效两方面展开。

（1）资源管理。

2017年，研究院先后引进、孵化和合作成立了以生物技术开发应用为主的肇庆市瑞思元生物科技有限公司，以物联网、电子通信和智能技术开发应用为主的中瑞智慧谷（广东）科技有限公司，以城市绿色照明技术和新型高分子功能材料研发与应用为主的广东小灯智能科技有限公司等研发和生产型实体企业，以及中科（肇庆）环保科技有限公司、肇庆市科钛自动化科技有限公司等一批高科技公司，将在生物科技、物联技术、环保材料等多个领域创造更多的社会效益和经济效益。

（2）整合绩效。

研究院利用人才优势，努力促成计划中以"珠江人计划广东省领军人才"黄行许教授为核心的基因编辑公司、与中国科学院合作的光触媒生产公司、微流控芯片公司、新能源公司等4家高科技型公司的成立。2023年，肇庆市华师大光电产业研究院获批国家级博士后科研工作站。同时获批的还有岭南现代农业科学与技术广东省实验室肇庆分中心与肇庆理士电源技术有限公司。这3家博士后科研工作站是作为地方管理委员会的分站，使得肇庆市高新区管理委员会以"总站+分站"的模式发展博士后科研工作，促进地方及各相关研究机构的发展。从某种程度上来说，这是肇庆市华师大光电产业研究院资源整合成功的表现之一，通过与政府及其他平台的合作，促进自身的发展。

3. 协同创新

对肇庆市华师大光电产业研究院的协同创新的现状描述主要从知识协同和战略协同两方面展开。

（1）知识协同。

目前，研究院研发团队已有70多名成员，其中不乏海归与硕士学历以上人才。院内高端人才云集，在技术研发、成果转化、产业合作等领域积极为高新区产业升级赋能。

近年来，研究院不断取得进步，获得多个项目平台荣誉：广东省博士后创新培养基地、肇庆市市级新型研发机构、第二批广东省专利审查员实践与创新促进基地、广东省省级新型研发机构、广东省博士工作站、广东省科技创新战略专项资金以及广东省自然科学基金。研究院在专项发明方面也取得了不错的成绩，在国内外知名期刊杂志发布多篇科研文章。在引进企业方面，截至2018年12月，研究院已引进及孵化企业共15家，其中包括国家高新技术企业、新三板上市企业、中关村高新技术企业、科技部众创空间等一系列优质企业。研究院组织各类交流活动共50余次，其中包括学术研讨会、座谈会、交流会、成果发布会、揭牌签约仪式等。

（2）战略协同。

研究院坚持技术创新驱动发展战略，不断提升科研水平，推出新的科研成果与创新成就，推进科创事业发展与平台建设工作，既是研发机构，也承接产业转化的工作，最终打造成为科技创新研发、成果转化、技术产品对接交流的国内一流平台。研究院成立至今已成功孵化15家公司，自成立以来，吸引了不少项目入驻，企业入驻园区后，通过与研究院开展技术合作，产品性能得到有效优化。以火丁智能照明公司为例，这家公司于2018年8月份正式成立，通过研究院和公司的共同努力，目前火丁智能照明已经进入上海汽车和长安汽车的前装市场，为荣威系列和长安 CS 系列提供前装大灯。

研究院面向肇庆市高新区的科研单位、互联网平台、智能创新制造和先进装备制造等企业，为它们提供研发、经营、孵化、生产服务平台，并为肇庆市高新区建设国家级科技企业孵化器提供更好的硬件保障，推动创新创业类企业发展，打造园区经济新增长点。

4. 商业模式创新

对肇庆市华师大广电产业研究院的商业模式创新的现状描述主要从创新路径和创新绩效两方面展开。

（1）创新路径。

肇庆市华师大光电产业研究院拥有丰富的国内外高校与光电子研发及生产的相关优势人才资源，具备创新的活力和相对自由的创新体制环境，给予了高端研究人员尤其是光电领域专业人员更多自由发挥的空间，是聚集高端创新资源、人才资源的新平台，为加快肇庆市高新区产业升级带来了新的动力。此外，研究院与外部平台不断进行合作。例如，与 SLD 中检实验室技术签订了 CMA 计量认证咨询合同，该项目服务内容包括人员培训、体系建立、管理评审、现场评审等。研究院在实施机构建设、队伍组建和制度建设的同时，还组建了光伏自清洁玻璃涂层材料研发团队，首次参加中国创新创业大赛，经过多轮角逐，获得广东赛区二等奖和肇庆市金奖的好成绩，为产研院引进科技人才和科技企业创造了良好的范本。

（2）创新绩效。

自成立以来，研究院发展硕果累累，先后获批肇庆市首个"珠江人才计划广东省创新创业团队"及首位"广东省领军人才"，并获批肇庆市首批西江创新团队、粤港合作专项等项目。研究院定位于国际化新型研发机构，受到高校和政府的大力支持与帮助，科研条件优越、经费充足，具备创新的活力和相对自由的体制环境，运作模式新颖，组织架构灵活。

> 商业模式
> 资源整合与协同创新

2019年度，研究院申请国家发明专利85件，其中授权专利8件；在国际高水平期刊发表学术论文21篇；获批"2019年省科技专项资金（大专项＋任务清单）项目"（100万元）；荣获"广东省100个博士博士后创新平台"（全市唯一一个获此殊荣的单位）；人才培养方面，曹小曙研究员入选百千万人才工程国家级人选。

此外，研究院在学术研究以及科研创新平台建设上也取得了一定的成就。在国际高水平期刊发表学术论文15篇；申请通过软件著作2件；获批建设"广东省新型研发机构"（800万元）；获批"广东省自然科学基金—自由申请"项目1项（10万元）；获批"广东省科技创新战略专项资金"1项（20万元）；获批建设"广东省博士后创新实践基地"，获批建设"广东省博士工作站"（50万元）；获批建设"广东省专利审查员实践与创新基地"；获批建设"肇庆市市级新型研发机构"（50万元）；获批建设肇庆市"西江人才计划"人才驿站等平台。

二、假设验证

为进一步验证政府扶持、资源整合、协同创新与商业模式创新之间的关系，下面根据肇庆市华师大光电产业研究院的实际情况对政府扶持、资源整合、协同创新与商业模式创新四者之间的关系进行相关验证。

1. 政府扶持、资源整合与商业模式创新

本书提出的关于政府扶持、资源整合与商业模式创新的假设包括：政府扶持对商业模式创新具有显著的正向影响，资源整合对商业模式创新具有显著的正向影响。其中，在政府扶持层面，政策支持对商业模式创新具有显著的正向影响，财政扶持对商业模式创新具有显著的正向影响。在资源整合层面，资源管理对商业模式创新具有显著的正向影响，整合绩效对商业模式创新具有显著的正向影响。

首先，政府扶持对商业模式创新具有显著的正向影响。研究院所在的地方政府高度重视科技创新及人才引进，对于新型研发机构的发展更为重视，多次前往肇庆市华师大光电产业研究院视察。此外，出台多项政策扶持地方科技发展，在财政扶持力度上更能看出地方对科技创新的重视程度。也正因为有政府的支持，研究院才得以快速发展，通过参与地方计划等方式，成为肇庆市高新区的标志性创新机构，更是于2023年获批国家级博士后科研工作站。研究院的发展离不开地方的支持，其商业模式的创新更是有赖于政府的政策支持及财政扶持。从创新路径来看，政府扶持给研究院的商业模式创新提供了更多的路径选择，也使研究院得以与更多的平台进行合作以实现自身发展；从创新绩效来看，研究院近年来取得多项学术成果，引进孵化多家企业，取得了不错的成绩。由此可见，政府扶持及其两个维度均对商业模式创新具有显著的正向影响。

其次，资源整合对商业模式创新具有显著的正向影响。研究院是高校与地方政府共建的新型研发机构，拥有专业实验室、多种专业设备及高素质人才。商业模式的创新必然与这些资源的利用相关。在资源管理方面，研究院充分利用各种资源为其搭建发展平台，特别重视对人才资源的引进及管理，为地方留住人才，与各企业开展合作，最大化实现资源的有效利用。在整合绩效方面，研究院利用自有资源与多家企业达成合作，发展自身的同时也为企业的发展及地方经济的发展做出贡献。由此可见，资源整合及其两个维度均对商业模式创新具有显著的正向影响。

2. 政府扶持、资源整合与协同创新

本书提出的关于政府扶持、资源整合与协同创新的假设包括：政府扶持对协同创新具有显著的正向影响，资源整合对协同创新具有显著的正向影响。其中，在政府扶持层面，政策支持对协同创新具有显著的正向影响，财政扶持对协同创新具有显著的正向影响。在资源整合层面，资源管理对协同创新具有显著的正向影响，整合绩效对协同创新具有显著的正向影响。

首先，政府扶持对协同创新具有显著的正向影响。肇庆市地方政府重视地方创新发展，支持产学研合作和科技成果转移转化，支持科技企业孵化载体发展。这表明，研究院的协同创新发展可以从政府方得到帮助。从政策支持角度来看，地方发布的相关政策可以为研究院的协同创新提供一定的便利，支持其引进高素质技术人才以更好地实现知识协同、引进高能力管理人才以更好地实现战略协同；从财政扶持角度来看，政府的资金可以为研究院协同创新提供资金基础。由此可见，政府扶持及其两个维度均对协同创新具有显著的正向影响。

其次，资源整合对协同创新具有显著的正向影响。研究院的资源整合，归根到底就是对院内物力、人力等资源的管理，而协同创新恰恰离不开这些资源的协调配合。物质资源的合理利用以及人才资源的充分流动，有利于企业实现知识协同，减少技术攻关的困难及盲区，更有利于管理层进行战略管理，实现战略协同。由此可见，资源整合及其两个维度均对协同创新具有显著的正向影响。

3. 协同创新与商业模式创新

本书提出的关于协同创新与商业模式创新的假设为：协同创新对商业模式创新具有显著的正向影响，其中，知识协同对商业模式创新具有显著的正向影响，战略协同对商业模式创新具有显著的正向影响。

研究院具备良好的知识协同基础——人才，在此基础上，研究院不断取得进步，获得多个项目平台荣誉，在企业孵化方面更是获得不错的成就。此外，研究院坚持技术创新驱动发展战略，不断提升科研水平，不断推出新的科研成果与创新成就，这表明研究院的战略协同具有很高的效率。在这样的协同创新基础上，研究院得以与外部平台合作、参加科技比赛、获批项目，取得多项学术成果。由此可见，协同创新及其两个维度均对商业模式创新具有显著的正向影响。

4. 协同创新的中介作用

本书对协同创新的中介作用做出的假设包括：协同创新在政府扶持与商业模式创新之间起到中介作用，协同创新在资源整合与商业模式创新之间起到中介作用。

首先，协同创新在政府扶持与商业模式创新之间起到中介作用。地方政府重视人才引进，而研究院便为集聚高素质人才提供了一个平台。这表明，研究院的发展方向及需求在某种程度上是与地方政府的政策方向一致的。地方政府大力扶持创新创业企业，为高企、高端人才打造更加优良的发展和生活环境，为研究院的协同创新注入活力，提供资金基础。从某种程度上来看，政府扶持是通过作用于研究院内部运转如协同创新等过程，使得研究院具备进一步创新的能力与基础。由此可见，协同创新在政府扶持与商业模式创新之间起到了中介作用。

其次，协同创新在资源整合与商业模式创新之间起到中介作用。研究院先后引进及孵化一系列优质企业，包括星库空间（北京）众创空间、火丁智能照明、伊帝康超级电容器等项目，为地方创造更多的经济和社会效益。与多家企业的良好合作、与政府的融洽相处及看得到的学术硕果累累，都表明研究院拥有良好的资源整合能力。优质的资源整合能力推动了研究院的协同创新发展，不论是人才留存与科技产出，还是研究院自身发展，都取得了良好的成效，进而促进研究院的商业模式创新得以平稳、有序地进行。由此可见，协同创新在资源整合与商业模式创新之间起到了中介作用。

三、效果分析

研究院紧密结合肇庆市产业经济发展规划和现实需求，依托华南师范大学现有的高端科技平台、人才、成果和产业等优势资源，进行先进光电技术集成开发、成果中试和企业孵化，逐步建成国家级或省部级高层次科研平台。

计划引进或孵化多家科技型企业，推动当地相关产业的优化和发展；以科技人才和技术成果服务于当地企业，增强地方企业的核心竞争力；提升研发能力，努力取得一批新技术、新品种或新产品等科技成果，增强企业和地方内涵式发展的基础。

截至目前，研究院获得专利等知识产权成果共224件，其中申请发明专利210件，获授权发明专利11件、软件著作2件，获授权实用新型专利1件。研究院先后签约多家企业，为其发展注入了新的活力。在地方政府的支持以及自身不断的能力提升中，研究院取得了显著的成果。此外，研究院紧密结合肇庆市产业经济发展规划和实际需求，依托华南师范大学现有的科技、平台、人才、成果、产业等优势资源，进行先进光电技术集成开发、小试/中试和企业孵化，并逐步扩展优势领域，力争建设成为集科技研发、技术创新、成果转化和企业孵化于一体的国家或省部级科研一流公共平台。

第二节　清远高新华园科技协同创新研究院

本节从政府扶持、资源整合、协同创新、商业模式创新4个方面对研究院的现状进行描述，其中，政府扶持包括政策支持和财政扶持两个方面，资源整合包括资源管理和整合绩效两个方面，协同创新包括知识协同和战略协同两个方面，商业模式创新包括创新路径和创新绩效两个方面。此外，还通过清远高新华园科技协同创新研究院的相关资料对本书提出的假设进行验证，并对其效果进行了分析。

一、企业现状

1. 政府扶持

对清远高新华园科技协同创新研究院的政府扶持的现状描述主要从政策支持和财政扶持两方面展开。

（1）政策支持。

研究院所在地级市积极兑现科技支持政策，2023年完成省科技创新战略专项"大专项+任务清单"项目和市级科技计划项目立项工作，共计立项50项。市科技局还积极开展研发费加计扣除、高企认定、科技型中小企业入库等政策培训，共开展培训5场，培训300余人；目前已设计航空航天主题、中药产业和农业科技等主题研学路线，组织活动15场，覆盖人数994人次；组织"人工智能+"等科技进校园活动16场，覆盖人数1565人次。清远市鼓励企业建设国家、省、市工程研究中心，国家技术创新中心，国家临床医学研究中心，国家、省重点实验室等平台，支持国家实验室、省实验室、重大科学装置等重大科技基础设施以及省级新型研发机构建设，组织实施高新区高质量发展行动计划，落实省有关高新区高质量发展的政策措施，推进高新区改革创新。

（2）财政扶持。

2023年，清远市争取市级科研项目立项扶持资金1575万元，争取省级科技创新战略专项资金2740万元，兑现落实《清远市加快科技创新发展的若干政策》补助资金2批，285项，共计4372.5万元。地方对新认定的包括国家工程研究中心、国家技术创新中心、国家临床医学研究中心、国家重点实验室等国家级研发机构给予一次性补助，最高100万元；对新认定的包括省级工程技术研究开发中心、省重点实验室等省级研发机构给予一次性补助，最高50万元；对新认定的市级工程技术研究开发中心给予一次性补助，最高15

万元。此外，对国家实验室、省实验室、重大科学装置等重大科技基础设施建设，采取"一事一议"给予支持，最高500万元；对引进落地或获得认定的高水平创新研究院，给予一次性奖励，最高400万元；对新认定的省级新型研发机构、省技术创新中心，给予一次性奖励，最高200万元。

2. 资源整合

对清远高新华园科技协同创新研究院的资源整合的现状描述主要从资源管理和整合绩效两方面展开。

（1）资源管理。

研究院以华南理工大学资源为切入点，深入推动实施产学研合作战略，搭建校企对接平台和拓宽产学研合作渠道，不断完善"基础研究＋技术攻关＋成果产业化＋科技金融＋人才支撑"全过程创新生态链，加速促进科技创新成果转移转化。

研究院高度重视研发工作，建设了多个研发中心。如高分子材料研发中心，拥有一支以博士为首的全职研发团队，同时引进华南理工大学等专家团队，围绕高性能与功能性高分子材料，特别是高性能树脂的合成与应用开展一系列产品的技术攻关、产业化和企业孵化工作。目前，中心研发实力雄厚，拥有完善的研发设备，配备了从基础研究、小试、中试到应用的研发设备。又如生物基新材料研发中心，以华南理工大学轻工科学与工程学院徐峻教授、祁海松教授和刘德桃副研究员及其团队成员为核心，联合科定公司、钰晨环保新材料、铧研新材料等平台孵化企业，开展纸浆模塑环保包装材料和纳米纤维素项目产业化。中心已进入产业化阶段项目2个。此外，还有新材料分析检测中心、智能制造创新中心、广清科技合作创新服务中心等。

（2）整合绩效。

研究院通过提升新材料公共技术服务平台服务能力，为企业提供技术对接、产学研合作、委托开发、分析检测、科技咨询、人才职称认定等服务，根据企业需求，为聚石化学、豪美、齐力、富盈电子、雅克化工、美亨新材料、柯林达新材料等企业现场开展产学研合作对接、技术委托开发与检测等服务。

研究院通过运用先进的信息技术，搭建线上与线下相结合的一站式服务平台。线上平台整合华南理工大学等20余所高校与科研院所的人才和科技成果资源，建立技术需求、技术成果、检验检测服务商、行业专家等信息数据库，为企业提供技术需求与技术成果、行业专家与企业的匹配和推送行业最新资讯服务。依托线下研发与检测平台与技术服务团队，为企业提供技术攻关、委托开发、检验检测、职称认定等服务。

3. 协同创新

对清远高新华园科技协同创新研究院的协同创新的现状描述主要从知识协同和战略协同两方面展开。

（1）知识协同。

近年来，研究院通过全职和柔性等方式引进专家教授46人，其中省级以上人才6名；拥有全职研发、检测和运营团队16人，其中博士2名；引进人才团队项目18个，已有6个项目实现产业化，4个项目进入产业化阶段；在孵企业17家，其中高企和省专精特新企业1家，在全国创新创业大赛等省级以上大赛中累计获得奖项9项；承担省、市、区级各类项目共计15项；研究院与在孵企业累计申请专利153件，其中发明专利60件，已获得授权专利89件，发表论文41篇，参与制定标准4项；通过院企共建联合实验室、技术委托开发、技术联合攻关、检验检测和人才实习实践等方式为聚石化学、富盈电子、先导集团、豪美新材、新安天玉、嘉博制药、实创涂料、柏胜新材料、蓝林新材料、邦太新材料等近100家企业提供服务。

研究院积极建立创新机制推动科技成果转化，打通成果产业化通道，引进了众多人才，如常驻研发团队学科带头人马晓阳博士，毕业于西安交通大学化学工程与技术专业，高级工程师，承担科技计划项目4项，申请发明专利8项（获得授权3项），发表学术论文6篇。项目负责人从硕士学习阶段已经开始从事功能高分子树脂的合成与研发工作,具有丰富的研发与产业化经验。

（2）战略协同。

作为清远高新区管委会与华南理工大学共建的平台,研究院借助资源优势,对接把华南理工大学及其他高校、科研院所专家教授等的基础研究成果输入平台,补充清远市产业基础研究短板。依托华南863科技创新园、清远市人才驿站、广东汽材联盟以及即将成立的高性能材料联盟等创新资源,打造线上线下相结合的新材料公共技术服务平台,建立企业与高校信息传递快速通道,将企业对技术的需求快速传递到高校、科研机构,利用科研团队开展联合技术攻关、协同创新,最终实现成果快速转化。

研究院在人才培养、技术交流、课题研究等方面与各大高校科研院所建立了长期稳定的合作关系,2021年机构共接待来自华南理工大学、南方科技大学、暨南大学、广东工业大学、广州大学、华南农业大学、广东腐蚀科学与技术创新研究院等高校与科研院所专家教授60余人。此外,与广州大学拟共建研究生联合培养基地、与肇庆学院拟共建联合实验室和大学生实践基地等校地合作工作正有序推进。

4. 商业模式创新

对清远高新华园科技协同创新研究院的商业模式创新的现状描述主要从创新路径和创新绩效两方面展开。

（1）创新路径。

研究院凭借"华工"特色吸引了一批成功的华工校友企业家前来,成立清远高新区华科创投基金（有限合伙）,该基金总规模1亿元,首期规模1000万元,投资以VC阶段为主、PE阶段为辅的科技类项目。截至目前,机构引进并签约16家金融创投机构,为企业和项目提供金融支持,投资额累计达到3650万元。

研究院下属的智能装备创新中心通过整合在孵企业芯铠科技、科定机电、为蓝节能环保及其母公司鼎兴泰等在机械设计、模具设计、钣金和机械加工方面的人才、高端研发与加工设备资源，引进高层次创新创业人才团队，以装备智能应用与装备制造为主攻方向，开展装备智能化技术研发、高精度加工等关键技术的研究，实现智能装备的优化升级和国产替代。目前，中心已引进环保智能垃圾处理设备、低压永磁直流微型电机和微型无刷电机（BLDC）芯片等项目。

（2）创新绩效。

研究院围绕新材料产业领域搭建了"3个中心+1个联合实验室"的新材料公共技术服务平台，即高性能与功能性高分子材料研发中心、生物基材料研发中心、新材料分析检测中心（CMA资质认证）和华园研究院－肇庆学院绿色精细化工联合实验室。研究院拥有一支由新材料行业专家、博士领衔的技术科研团队，并配备裂解+三重四极杆气质联用仪Py-GCMSMS、气质联用仪GC-MS、电感耦合等离子体发射光谱仪ICP-OES、凝胶色谱仪GPC、傅里叶红外光谱仪FT-IR、热失重分析仪TG、差示扫描量热仪DSC、流变仪、激光粒度仪、接触角测量仪、拉力机、盐雾试验箱、紫外加速老化仪、氙灯老化仪、小型高压中试合成釜和研磨机等一批先进精密仪器，设备原值超过700万元，在新材料产业具有较强的技术研发、成果转化与检验检测等技术服务能力。新材料分析检测中心（CMA资质认证）聚焦高分子材料领域，在涂料、油墨、胶黏剂和塑料等领域为客户提供有毒有害物质测试、物理性能测试、化学性能测试、施工性能测试、老化性能测试和材料分析测试等服务，目前拥有仪器共享检测项目和CMA资质检测项目超过1000项。

二、假设验证

为进一步验证政府扶持、资源整合、协同创新与商业模式创新之间的关系，下面根据清远高新华园科技协同创新研究院的实际情况对政府扶持、资源整合、协同创新与商业模式创新四者之间的关系进行相关验证。

1. 政府扶持、资源整合与商业模式创新

本书提出的关于政府扶持、资源整合与商业模式创新的假设包括：政府扶持对商业模式创新具有显著的正向影响，资源整合对商业模式创新具有显著的正向影响。其中，在政府扶持层面，政策支持对商业模式创新具有显著的正向影响，财政扶持对商业模式创新具有显著的正向影响。在资源整合层面，资源管理对商业模式创新具有显著的正向影响，整合绩效对商业模式创新具有显著的正向影响。

首先，政府扶持对商业模式创新具有显著的正向影响。2023年，清远市为了地方科技发展，先后完成多项省市级科技创新项目，积极开展政策培训，鼓励企业建设国家级、省级、市级工程研究中心。清远高新华园科技协同创新研究院作为地方研发的重要平台之一，得到了来自政府的支持，同时，依托高校优势，打造了更具优势的研发平台。从政策支持角度来看，在地方大力支持科技创新产业的背景下，一方面，研究院在建设发展过程中能够受到政策优待，另一方面，当更多的企业因为政策支持而产生更多的研发需求，就会使得研究院的产出更具意义，更有力地推动院内创新成果的转化。从财政扶持角度来看，地方提供的专项资金，一方面，可以促使研究院尽力发展达到领取专项资金的条件，另一方面，专项资金的扶持能够使研究院拥有更雄厚的资金基础及发展优势。由此可见，政府扶持及其两个维度均对商业模式创新具有显著的正向影响。

其次，资源整合对商业模式创新具有显著的正向影响。研究院深入推动实施产学研合作战略，搭建校企合作平台，拓展合作渠道。这表明研究院具备良好的资源管理能力，特别是对人才资源的利用，调动人才在各个工作岗位上的积极性，不仅能够协调好院内工作，还在对外发展中体现出一定的优势。此外，研究院高度重视研发工作，通过成立专门的研发中心，全面管控各项研发工作，做到专人专用、专事专责。研究院还利用先进的信息技术，

搭建线上与线下相结合的一站式服务平台，资源整合取得了一定的成效。由此可见，资源整合及其两个维度均对商业模式创新具有显著的正向影响。

2. 政府扶持、资源整合与协同创新

本书提出的关于政府扶持、资源整合与协同创新的假设包括：政府扶持对协同创新具有显著的正向影响，资源整合对协同创新具有显著的正向影响。其中，在政府扶持层面，政策支持对协同创新具有显著的正向影响，财政扶持对协同创新具有显著的正向影响。在资源整合层面，资源管理对协同创新具有显著的正向影响，整合绩效对协同创新具有显著的正向影响。

首先，政府扶持对协同创新具有显著的正向影响。地方政府鼓励重大科技基础设施的建设以及省级新型研发机构的建设，归根到底是对地方创新的支持，是对企业创新的鼓励。清远市出台的政策及提供的专项资金，使地方科技创新水平得到了一定的提升。在这样的大环境之下，研究院不得不着力提高自身创新水平，进而拉高地方创新阈值。也就是说，政府扶持有利于研究院提高自己的协同创新水平，包括知识方面的协同与战略实施方面的协同。由此可见，政府扶持及其两个维度均对协同创新具有显著的正向影响。

其次，资源整合对协同创新具有显著的正向影响。研究院下设中心研发实力雄厚，拥有完善的研发设备，配备了从基础研究、小试、中试到应用的研发设备。这些设备资源的高效利用以及人力资源的合理调配，体现了研究院对资源管理的重视程度，并取得了良好的绩效。高资源整合能力在一定程度上使研究院的知识协同能力及战略协同能力得以提升。由此可见，资源整合及其两个维度均对协同创新具有显著的正向影响。

3. 协同创新与商业模式创新

本书提出的关于协同创新与商业模式创新的假设为：协同创新对商业模式创新具有显著的正向影响，其中，知识协同对商业模式创新具有显著的正向影响，战略协同对商业模式创新具有显著的正向影响。

研究院通过全职和柔性等方式引进专家教授46人，已引进人才团队项目

18个，这表明研究院具有高研发能力，人才的聚集使得研究院研发能力得以提升，在实施战略时有人才可用。此外，研究院还积极建立创新机制推动科技成果转化，打通成果产业化通道，在人才培养、技术交流、课题研究等方面与各大高校科研院所建立了长期稳定的合作关系。良好的协同创新能力使得研究院拥有更多对外合作的机会与平台，推进校地合作的有序开展，提供新的创新路径，使研究院取得一定的研究成果。由此可见，协同创新及其两个维度均对商业模式创新具有显著的正向影响。

4. 协同创新的中介作用

本书对协同创新的中介作用做出的假设包括：协同创新在政府扶持与商业模式创新之间起到中介作用、协同创新在资源整合与商业模式创新之间起到中介作用。

首先，协同创新在政府扶持与商业模式创新之间起到中介作用。清远市地方政府对新型研发机构的支持既有政策上的鼓励也有实质上的资金支持，这对研究院提升自身综合实力具有重大的意义。政府的扶持有力地作用于研究院的协同创新上，一方面，政府的支持使得地方具备引进人才的优势，进而使研究院能够集聚人才，院内具备统筹技术发展、调配各类型人才的能力，进而达到知识协同；另一方面，得益于政府扶持，研究院在实施战略时能够以更加宏观、全面、整体的视角统筹把握其发展，进而达到战略协同。而高质量的协同创新为研究院创新商业模式提供了更多可能，也为其不断取得产出奠定基础。由此可见，协同创新在政府扶持与商业模式创新之间起到了中介作用。

其次，协同创新在资源整合与商业模式创新之间起到中介作用。目前，研究院围绕新材料产业领域搭建了"3个中心+1个联合实验室"的新材料公共技术服务平台，拥有一支由新材料行业专家、博士领衔的技术科研团队，拥有仪器共享检测项目和CMA资质检测项目超过1000项。中心及实验室的不断发展、优秀的科研团队、齐全的设备及拥有多项资质，是对研究院资源整合能力的肯定，也是对下一步资源整合的挑战。具备优质的资源整合能力意味着研究院可以充分调配院内各项资源为自身发展服务，提高自身技术研发能力，发展成为高效产出的研发机构，提升其协同创新能力，进而为商业模式创新做好能力储备、资源留存。由此可见，协同创新在资源整合与商业模式创新之间起到了中介作用。

三、效果分析

研究院依托清远市高新区国家高层次人才港和华园研究院，立足清远市新材料、生物医药等产业，打造广清科技创新资源聚集地、广州重大科技平台对接中心、广州科技成果在清远落地转化扩散地、广清两地人才交流中心，强化广清产业一体化共建，促进广州和清远高质量协同发展。研究院与广州大学拟共建研究生联合培养基地、与肇庆学院拟共建联合实验室和大学生实践基地等校地合作工作正有序推进。研究院采用"1园+2院+1站+N中试基地+1产业基地"的成果转化模式，2院1站优势互补、资源互享、院企深度融合发展、合作共赢，助力地方产业转型升级。

第三节　广东华中科技大学工业技术研究院

本节从政府扶持、资源整合、协同创新、商业模式创新4个方面对研究院的现状进行描述，其中，政府扶持包括政策支持和财政扶持两个方面，资源整合包括资源管理和整合绩效两个方面，协同创新包括知识协同和战略协同两个方面，商业模式创新包括创新路径和创新绩效两个方面。此外，还通过广东华中科技大学工业技术研究院的相关资料对本书提出的假设进行验证，并对其效果进行了分析。

一、企业现状

1. 政府扶持

对广东华中科技大学工业技术研究院的政府扶持的现状描述主要从政策支持和财政扶持两方面展开。

（1）政策支持。

研究院与横沥镇联合建设协同创新中心，获得了广东省科技进步特等奖，并在2016年全省专业镇协同创新工作现场会作为典型进行推广。此外，政府在二期建设、办公场地、孵化企业等方面都给予新型研发机构一定的政策支持。

（2）财政扶持。

研究院所在市政府明确将研发机构奖励分为3类：市研发机构绩效评估奖励、省研发机构配套奖励、国家研发机构配套奖励。其中，对东莞市绩效评估为优秀的重点实验室、工程技术研究中心分别一次性给予不超过100万元和50万元的奖励。此外，市政府还对新型研发机构进行绩效考核，绩效考核为优秀和良好的，分别给予年度最高不超过500万元和300万元的支持。新型研发机构利用自有技术创办或引进孵化、持有或间接持有不少于3%股权的在莞注册运营的企业，成立后5年内首次获得高新技术企业认定的，给予新型研发机构不超过10万元/家的奖励，期间企业主营业务收入达到2000万元以上的，额外给予新型研发机构不超过10万元/家的奖励；创办或引进孵化的企业在A股上市的（含转让后5年内上市的），每新增一家一次性给予新型研发机构最高不超过500万元的奖励。新型研发机构获得省级新型研发机构或高水平研究院专项立项支持的，在项目验收且资助资金到位后给予机构最高不超过1∶0.5的配套奖励，每家新型研发机构每年不超过500万元。

此外，新型研发机构及其持股50%以上的企业引进副高级职称、博士、正高级职称人员，在与该人员签订3年或以上劳动合同、该人员在单位工作并依法在本市缴纳社保满1年的情况下，给予机构最高不超过1万元/人的奖励。新型研发机构主办公开发行的科技类学术期刊，自向新闻出版总署提出创办期刊、设立期刊出版单位的申请，获受理后给予一次性最高不超过20万元的奖励；获得刊号后，给予一次性最高不超过30万元的奖励；纳入核心期刊的，给予一次性最高不超过100万元的奖励；每出版1期期刊给予最高不超过10万元的奖励，纳入核心期刊后每出版1期给予最高不超过20万元的奖励。每年每家机构奖励不超过150万元。

2. 资源整合

对广东华中科技大学工业技术研究院的资源整合的现状描述主要从资源管理和整合绩效两方面展开。

（1）资源管理。

研究院建设了东莞首个国家技术转移示范机构、博士后科研工作站2个国家级平台，建设了广东省制造装备数字化重点实验室、广东省制造装备智能化工程技术研究中心、广东省战略性新兴产业基地（物联网产业）3个省级平台，建设了东莞市智能制造重点实验室1个市级平台。院内建立了一支600余人的研发团队和1000余人的工程化成果转化团队，构成了"院士牵头、专职队伍为主、海外团队补充"的队伍体系。

研究院建立了六大集中式技术服务中心，获得CNAS、CMA、EPA、CPSC等国内外检测资质887项，为万余家企业提供了产品设计、产品检测、精密测量、激光加工等高端技术服务。设计服务中心多次获得"红点奖""省长杯"以及"东莞杯"国际工业设计大赛等国内外重量级工业设计大奖，为科硕、上海百芬、大可智能等企业提供了整合型工业设计解决方案。测量技术中心是美国 GKS Global Services 在中国授权的合作实验室和服务机构（我国仅此一家），是全球尺寸测量网络重要节点，为劳斯莱斯、奥迪、宝马、广汽等知名品牌提供服务。检测中心累计资质居东莞市第一位，2017 年服务企业达 4000 余家。

（2）整合绩效。

研究院与横沥镇共同建立了全国首个注塑机伺服节能改造示范点，已为广东永高塑业、珠海铭祥电子、法国法雷奥等知名企业实施了上千台注塑机节能改造项目，市场占有率超过 60%。与横沥镇联合建设的横沥协同创新中心，开展了高速、高精度、高刚性、高可靠性、网络化模具数控装备的研究，与横沥中泰模具、台一盈拓、智维成型、鸿泰设备等模具制造企业开展产学研合作和技术成果对接，其中，与中泰模具合作研发的国内第一条热成型生产线"汽车零件自动化大型精密多工位级进模项目"获批国家工业转型升级强基工程。

3. 协同创新

对广东华中科技大学工业技术研究院的协同创新的现状描述主要从知识协同和战略协同两方面展开。

（1）知识协同。

10 年来，研究院围绕运动控制技术、智能感知技术、数字化工艺与成形加工技术、精密检测与机器视觉技术、激光装备与核心器件等方向研发了十几类行业关键装备，累计申请各类知识产权 524 项，相关成果获得国家技术发明二等奖，参与起草了云制造、射频、车间制造执行数字化通用要求等标准 35 项，其中 15 项国家标准、1 项军用标准。在国内外核心期刊发表高水平论文 120 余篇。研究院发起了国家数控一代示范工程，建设了国家首批智能制造示范点、全国注塑机节能改造示范点，在我国制造领域三次重大战略中发挥了重要作用。

（2）战略协同。

广东省教育部科技部数字化制造装备产学研创新联盟成立于2007年,由华中科技大学、华南理工大学、制造装备数字化国家工程研究中心、广东华中科技大学工业技术研究院等高校和科研机构,联合广东省装备制造业中的重点企业,在广东省科学技术厅的指导和支持下,共同发起成立。研究院为联盟的秘书处单位。联盟任务是面向装备制造行业重大技术问题,建立数字化制造装备技术平台,解决产业链中的关键、共性技术,开发面向机床、微电子及轻工等行业关键制造装备,建立技术推广、咨询服务和人才培养基地,通过形成核心技术和自主知识产权,提高广东省数字化制造装备的自主创新能力,加快区域支柱产业和新兴产业的发展。

广东省教育部科技部物联网产学研创新联盟由华中科技大学、广东华中科技大学工业技术研究院、中山大学、暨南大学、广东工业大学、香港大学、工业和信息化部电子第五研究所、东莞电子科技大学电子信息工程研究院、广东电子工业研究院有限公司等高校和科研机构,联合广东省物联网行业中的龙头、重点企业,在广东省科学技术厅的指导和支持下,共同发起成立。联盟整合广东省物联网行业和相关高等院校的优势资源,以企业为主体、以市场为导向、以产品为载体,深入系统地研制企业急需的物联网关键技术平台,并在行业重点企业推广应用,同时为行业培养急需的技术和管理人才,提高广东省物联网技术整体自主创新能力,建立创新能力强、产业链完整、集聚度高、拥有关键核心技术的物联网产业,巩固广东省电子信息制造业、物流业的领先优势,打造世界级物联网产业基地和运营服务平台。

4. 商业模式创新

对广东华中科技大学工业技术研究院的商业模式创新的现状描述主要从创新路径和创新绩效两方面展开。

（1）创新路径。

坚持"创新为立足之本",努力将研究院建设成为技术研发和工程应用的公共技术创新平台，为传统支柱产业和战略新兴产业提供技术支撑；坚持"创造为生存之道"，努力打造广东省高端技术服务中心，为制造业提供高端技术服务；坚持"创业为发展之路"，争取发展成为全国知名的产业孵化基地，培育创新型企业，发展战略新兴产业。

（2）创新绩效。

在平台建设方面，创造了多项"东莞第一"，包括东莞第一个国家创新人才培养示范基地、东莞第一支国家重点领域创新团队、东莞第一个国家技术发明二等奖、东莞第一个国家技术转移示范机构、东莞第一个教育部产学研结合基地、东莞唯一一个连续5年获评A类的科技企业孵化器，作为发起股东建设了国家数字化设计与制造创新中心，代表东莞中标工信部智能移动终端产业集群促进机构。发起了全国数控一代机械产品创新应用示范工程，建设了全国电机能效提升示范点、全国智能制造现场会唯一示范点，先后获得国家技术发明二等奖及广东省科技进步特等奖，为万余家企业提供高端技术服务。打造了华科城科技孵化器品牌，建成了9个产业园区，孵化面积近50万平方米，累计孵化企业898家，其中自主创办企业70家、高新技术企业62家（占松山湖总数的10.6%）、创业板上市企业1家、新三板挂牌企业7家（占松山湖总数的22%），上市后备企业2家（占松山湖总数的8.8%）。

研究院发扬华中科技大学"育人为本、创新是魂、责任以行"的办学理念，积极探索科技创新人才的培养模式，为创新性人才培养和学生创业提供平台，建立了学生创业中心，自主研发了代步机器人Agiling，孵化出以学生创新团队为主体的企业——东莞易步机器人有限公司。此外，还创新性地融合了电气化、智能化和车联网三大技术，是未来城市个人短程交通的最新解决方案，使未来城市交通实现零油耗、零排放、零堵塞和零事故，既可以作为短程（5千米以内）交通工具，也可以作为其他交通工具的补充和辅助工具（比如公交车、地铁或私人汽车），为城市带来更好的个人出行解决方案。

二、假设验证

为进一步验证政府扶持、资源整合、协同创新与商业模式创新之间的关系，下面根据广东华中科技大学工业技术研究院的实际情况对政府扶持、资源整合、协同创新与商业模式创新四者之间的关系进行相关验证。

1. 政府扶持、资源整合与商业模式创新

本书提出的关于政府扶持、资源整合与商业模式创新的假设包括：政府扶持对商业模式创新具有显著的正向影响，资源整合对商业模式创新具有显著的正向影响。其中，在政府扶持层面，政策支持对商业模式创新具有显著的正向影响，财政扶持对商业模式创新具有显著的正向影响。在资源整合层面，资源管理对商业模式创新具有显著的正向影响，整合绩效对商业模式创新具有显著的正向影响。

首先，政府扶持对商业模式创新具有显著的正向影响。研究院取得的成果获得了国家领导人的肯定，各大媒体也争相报道，这表明研究院是受到政府支持的。地方政府出台完整的研发机构奖励措施，对不同层次的新型研发机构颁发不同的奖励，并对新型研发机构进行绩效考核。地方政府对新型研发机构的重视，一方面要求研究院要持续关注自身的发展，另一方面也通过专项资金扶持研究院的发展。政府的政策支持与财政扶持是研究院进行商业模式创新的底气之一。由此可见，政府扶持及其两个维度均对商业模式创新具有显著的正向影响。

其次，资源整合对商业模式创新具有显著的正向影响。研究院设有国家级示范机构、国家级平台、省级重点实验室等，其队伍体系为"院士牵头、专职队伍为主、海外团队补充"。从研究院取得的一系列成果可以看出，研究院具备高效的人力资源分配体制，能够明确旗下机构、平台及实验室的责任问题。高效的资源管理能力与资源整合所带来的绩效，为研究院进行创新发展打下了坚实的基础。由此可见，资源整合及其两个维度均对商业模式创新具有显著的正向影响。

2. 政府扶持、资源整合与协同创新

本书提出的关于政府扶持、资源整合与协同创新的假设包括：政府扶持对协同创新具有显著的正向影响，资源整合对协同创新具有显著的正向影响。其中，在政府扶持层面，政策支持对协同创新具有显著的正向影响，财政扶持对协同创新具有显著的正向影响。在资源整合层面，资源管理对协同创新具有显著的正向影响，整合绩效对协同创新具有显著的正向影响。

首先，政府扶持对协同创新具有显著的正向影响。东莞市政府高度重视地方新型研发机构的发展，出台了详细的支持政策及财政扶持措施，这表明政府非常重视地方的科研创新。在这样的背景之下，地方各相关机构为争取政府资源开始重视自身发展，对研究院产生了一定的竞争压力。也就是说，政府扶持不仅仅正向扶持研究院的发展，也迫使研究院不断提升自身协同创新能力以获取资源。由此可见，政府扶持及其两个维度均对协同创新具有显著的正向影响。

其次，资源整合对协同创新具有显著的正向影响。从研究院与外部平台的成功合作可以看出，研究院具备良好的资源管理能力，不仅可以协调统筹好院内发展，还可以在对外合作中统筹好各项资源的使用，使研究院取得了良好的资源整合绩效。资源整合能力的提升也有助于直接提升研究院的协同创新能力，包括知识协同能力与战略协同能力。由此可见，资源整合及其两个维度均对协同创新具有显著的正向影响。

3. 协同创新与商业模式创新

本书提出的关于协同创新与商业模式创新的假设为：协同创新对商业模式创新具有显著的正向影响，其中，知识协同对商业模式创新具有显著的正向影响，战略协同对商业模式创新具有显著的正向影响。

研究院围绕数字化工艺与成形等内容研发了十几类行业关键装备，在

知识产权申请方面取得了不错的成就，参与起草国家标准与军用标准，表明其具备一定的知识协同能力。研究院与华中科技大学、华南理工大学等高校及科研机构合作成立产学研创新联盟，这是研究院站在其战略发展的角度做出的重大决策。研究院在协同创新方面取得的成效为其创新现有商业模式打下了坚实的基础，有利于研究院站在更高的角度以雄厚的实力统筹谋划自身发展。由此可见，协同创新及其两个维度均对商业模式创新具有显著的正向影响。

4. 协同创新的中介作用

本书对协同创新的中介作用做出的假设包括：协同创新在政府扶持与商业模式创新之间起到中介作用，协同创新在资源整合与商业模式创新之间起到中介作用。

首先，协同创新在政府扶持与商业模式创新之间起到中介作用。政府对新型研发机构的支持，有利于研究院在严峻的经济形势下得以更好地生存与发展。但归根结底，研究院应该利用政府的扶持来提升自身能力，发挥良好的协同效应，促进知识协同与战略协同，并将这些能力应用于研究院的发展，基于实际，对研究院的商业模式进行优化与创新。由此可见，协同创新在政府扶持与商业模式创新之间起到了中介作用。

其次，协同创新在资源整合与商业模式创新之间起到中介作用。不论是建设中心还是实验室等，都需要研究院统筹好院内资源，掌控资源的流向，合理分配资源，提高资源整合能力。从某种程度上来看，研究院在资源整合能力上的提升对其谋划院内技术人才的集聚与分散、制定合理战略发展自身均有帮助。在此基础上，研究院得以更好地创新其商业模式。由此可见，协同创新在资源整合与商业模式创新之间起到了中介作用。

三、效果分析

9年间，研究院建设了2个国家级平台、3个省级平台、1个市级平台，一步一个脚印，由"地方队"向"国家队"迈进。研究院先后参与国家制造领域3次重大战略规划实施：攻克特种数控、智能感知、智能工艺等关键技术；开发了近20种数控装备，推广应用5000多台套；国家"数控一代"现场会示范点。研究院主持或参与研发了MES、APS、CAE、CAPP、PLM、虚拟工厂建模与仿真等一系列工业软件，上述软件累计服务制造企业上千家。此外，研究院还组建了智能制造工业互联网和大数据研发中心，引进李晓涛、张卫平等团队研发了中国移动"大云"系列产品和senzFlow.io智能制造大数据云平台，支持了中国移动近4亿用户，15亿应用量，为航空叶片加工提供大数据分析。

第四节　案例比较

本节将所选择的3家案例研究院进行比较，分别从变量、成果、潜力层面阐述3家案例研究院的状况，进一步明确了新型研发机构政府扶持、资源整合、协同创新与商业模式创新之间的关系。

一、变量层面

下面，从变量层面对 3 家案例研究院的情况进行比较，包括政府扶持、资源整合、协同创新与商业模式创新 4 个方面。

1. 政府扶持

肇庆市华师大光电产业研究院所在地级市肇庆市重视人才建设，设有专门的人才驿站，尤其注重推动人才政策的优化升级，因此，政府在新型研发机构人才引进方面给予了一定的支持。此外，政府还在关键核心及共性技术攻关、高新技术企业高质量发展及科技创新平台体系建设方面予以支持。

清远高新华园科技协同创新研究院所在地级市清远市在科技创新立项方面取得不错的成就，有利于地方新型研发机构的发展。政府高度重视相关政策实施，开展培训、设计主题、鼓励研究平台的建设，组织实施高新区高质量发展行动计划。

华中科技大学工业技术研究院被誉为"全国新型研发机构的典型代表"，成果获得国家领导人的肯定。地方政府在奖励方面多措并举，制定详细的奖励措施，重视新型研发机构的实际绩效。

2. 资源整合

肇庆市华师大光电产业研究院以引进、孵化与合作为主，与多家实体企业及高科技公司有所交流，其资源整合能力使得它在对外交流中具备一定的优势。此外，研究院还获得了国家级博士后科研工作站的审批，这使得其资源整合能力更有用武之地。

清远高新华园科技协同创新研究院以华南理工大学资源为切入点，深入推动实施产学研合作战略，通过运用先进的信息技术，搭建线上与线下相结合的一站式服务平台。院内建立专门的信息数据库，为企业提供技术攻关、委托开发等服务。可见，研究院能够充分利用平台的建设使其资源得到充分利用。

广东华中科技大学工业技术研究院建立了六大集中式技术服务中心，为万余家企业提供产品设计、产品检测、精密测量、激光加工等高端技术服务。精准提供服务表明研究院在资源整合方面颇有建树。

3. 协同创新

肇庆市华师大光电产业研究院在技术研发、成果转化、产业合作等领域积极地为高新区产业升级赋能，在研发能力、交流能力、战略谋划能力方面具备一定的优势。此外，研究院坚持技术创新驱动发展战略，不断提升科研水平。

清远高新华园科技协同创新研究院在孵企业累计申请专利153件，其中发明专利60件，已获得授权专利89件，发表论文41篇，参与制定标准4项，积极建立创新机制推动科技成果转化，打通成果产业化通道，引进了众多人才。

广东华中科技大学工业技术研究院在攻克产业链中的关键、共性技术方面具备一定的优势，发起了国家数控一代示范工程，建设了国家首批智能制造示范点，它对知识的统筹体现在对人才的调配上，正是由于其协同创新能力的发挥，使其得以建设完成示范工程及示范点。

4. 商业模式创新

肇庆市华师大光电产业研究院具备创新的活力和相对自由的创新体制环境，给予了高端研究人员尤其是光电领域专业人员更多自由发挥的空间，是聚集高端创新资源、人才资源的新平台，为加快肇庆市高新区产业升级带来了新的动力。

清远高新华园科技协同创新研究院有效整合在孵企业资源，引进高层次创新创业人才团队，围绕新材料产业领域搭建了"3个中心+1个联合实验室"的新材料公共技术服务平台。研究院在合理利用资源的基础上，依托平台，为其商业模式创新提供支持，并取得了一定的成效。

广东华中科技大学工业技术研究院坚持创新、创造、创业，并培育创新型企业，发展战略新兴产业。在这样的理念支持下，研究院取得了多项研究成果，在引进、孵化企业方面遥遥领先，这既是商业模式创新的成果，也是下一步创新的动力。

二、成果层面

肇庆市华师大光电产业研究院依托高校的优势资源，进行先进光电技术集成开发、成果中试和企业孵化。研究院先后获批广东省省级新型研发机构、广东省博士博士后创新基地、国家检验检测机构资质认定及广东省先进储能材料与系统工程技术研究中心。研究院还在国内外知名期刊杂志发布多篇科研文章。此外，研究院还获批多项国家和省级人才项目，成立至今已成功孵化15家公司，其引进或孵化企业的产品已经进入华为、上海汽车集团、海康威视等企业，企业累计销量突破1亿元，并于2023年获批国家级博士后科研工作站。

清远高新华园科技协同创新研究院具备广东省新型研发机构、广东省博士工作站等多项荣誉资质，研发实力雄厚，拥有完善的研发设备。研究院不断完善"基础研究+技术攻关+成果产业化+科技金融+人才支撑"全过程创新生态链，加速促进科技创新成果转移转化，与各大高校、科研院所建立了长期稳定的合作关系。研究院目前拥有多个研发中心，包括高分子材料研发中心、生物基新材料研发中心、新材料分析检测中心等。

广东华中科技大学工业技术研究院在平台建设方面创造了多项"东莞第一"，作为发起股东建设了国家数字化设计与制造创新中心，为万余家企业提供了高端技术服务。打造了华科城科技孵化器品牌，建成了9个产业园区，孵化面积近50万平方米，累计孵化企业898家，其中自主创办企业70家、高新技术企业62家。10年来，研究院围绕智能感知技术、精密检测与机器视觉技术等方向研发了十几类行业关键装备，累计申请各类知识产权524项。在国内外核心期刊发表高水平论文120余篇。研究院发起了国家数控一代示范工程，建设了国家首批智能制造示范点、全国注塑机节能改造示范点，在我国制造领域三次重大战略中发挥了重要作用。

三、潜力层面

肇庆市华师大光电产业研究院目前仍存在场地和经费问题，其中，场地不足使得研究院无法为入驻企业提供场地承诺，对企业引进及孵化造成了阻碍。在具备良好研发能力的基础上，研究院可以进一步解决场地及经费问题，增加引进及孵化企业数量，扩大自身规模。

清远高新华园科技协同创新研究院同样面临场地问题，特别是在平台产业化过程中，场地格外重要。此外，由于环保或安全等问题的限制，导致研究院孵化成熟的项目或企业无法落地产业化。这表明，研究院可以在技术安全性与环保性上下功夫，通过提升自身技术与能力，解决研究院目前的问题，从而获得更大的发展空间。

相比较而言，广东华中科技大学工业技术研究院在技术、场地、经费方面都具有一定的优势，研究院可以利用其现有优势资源，进一步加强与高校和研究机构的合作，实现规模化管理。

第五节　本章小结

本章选用了3个典型的案例研究院，对新型研发机构政府扶持、资源整合、协同创新及商业模式创新四者之间的关系进行验证。首先，从政府扶持、资源整合、协同创新及商业模式创新 4 个变量的维度层面描述研究院的现状。其次,根据案例研究院的真实情况对假设进行了验证,包括政府扶持、资源整合对商业模式创新具有显著的正向影响,政府扶持、资源整合对协同创新具有显著的正向影响,协同创新对商业模式创新具有显著的正向影响,协同创新在政府扶持与商业模式创新之间具有中介作用,协同创新在资源整合与商业模式创新之间具有中介作用。再次,对各案例研究院的效果进行了分析。最后,从变量层面、成果层面、潜力层面对 3 家案例研究院进行了比较。

第八章

结论与建议

第八章 结论与建议

本章主要对新型研发机构的商业模式创新所开展的研究进行归纳总结。本研究主要对政府扶持与商业模式创新、资源整合与商业模式创新、协同创新与商业模式创新、政府扶持与协同创新以及资源整合与协同创新之间的关系进行探究。通过扎根理论分析、问卷调查数据的实证分析及案例佐证，明确新型研发机构政府扶持、资源整合、协同创新与商业模式创新四者之间的关系，由四者之间的关系分析新型研发机构发展所应注意的问题，并针对相关主体给出具体建议，以期为新型研发机构更好地发展提供一点思路。由于主观与客观条件的限制，本研究仍有许多不足之处，这也能够为未来的研究提供参考与借鉴。

第一节 主要研究结论

走在国家创新前沿的新型研发机构肩负着提高国家创新实力的重任，不过，虽然目前关于政府扶持、资源整合、协同创新及商业模式创新的研究有很多，但鲜少有专门针对新型研发机构开展相关研究的，关于政府扶持、资源整合、协同创新和商业模式创新的研究并没有形成完整的体系，更不用说在研究政府扶持、协同创新对商业模式创新的影响同时考虑协同创新的中介作用。故本书通过扎根理论、实证研究以及案例佐证构建了"政府扶持和资源整合—协同创新—商业模式创新"的理论框架，在整理分析前人研究的基础上进行创新与突破，得出如下结论。

一、政府扶持协助促进商业模式创新

实证结果表明，政府扶持与商业模式创新两者之间存在正向关系。其中，政府扶持的政策支持维度和财政扶持维度都对商业模式创新具有显著的正向影响。政府给予新型研发机构扶持，根本目的在于发展行业经济，激发创新活力，从而促进国家经济发展。从政策支持维度和财政扶持维度出发，机构利用国家的政策，做出好的业绩回馈，既达成了政府扶持的目的，又为机构实行商业模式创新创造了条件。

二、资源整合有助于强化商业模式创新

实证结果表明，资源整合与商业模式创新两者之间存在正向关系。其中，资源整合的资源管理维度和整合绩效维度都对商业模式创新具有显著的正向影响。新型研发机构提升资源整合能力的意义不仅在于将资源的用处发挥到最大，还在于为机构积极做出改变、创新运营提供更多可供利用的资源。

三、政府扶持有助于企业进行有效的协同创新

实证结果表明，政府扶持与协同创新两者之间存在正向关系。其中，政府扶持的政策支持维度和财政扶持维度都对协同创新具有显著的正向影响。新型研发机构的协同创新，一方面要求机构要按照既定的战略规划进行资源等的协同，另一方面要求机构要有所创新。机构获得的来自政府的扶持也需

要协同从中发挥作用，使之转化为新型研发机构的竞争优势。

四、资源整合助力协同创新的升级

实证结果表明，资源整合与协同创新两者之间存在正向关系。其中，资源整合的资源管理维度和整合绩效维度都对协同创新具有显著的正向影响。资源管理效率的提高以及整合绩效的提高都代表了机构整体资源整合能力的提升，"整合"和"协同"有相似之意，资源整合能力的提高在一定程度上也利于促进机构协同创新能力的提高。

五、协同创新为商业模式创新开辟道路

实证结果表明，协同创新与商业模式创新两者之间存在正向关系。其中，协同创新的知识协同维度和战略协同维度都对商业模式创新具有显著的正向影响。知识协同成功与否以及战略协同的高低，代表了机构对协同创新技能的把握程度。创新驱动发展，利用协同创新则可促进商业模式创新。

六、协同创新促进政府扶持改进商业模式创新

对政府扶持、协同创新与商业模式创新三者之间关系的实证分析表明：协同创新在政府扶持对商业模式创新的影响过程中发挥部分中介作用，政府扶持不仅可以直接影响新型研发机构的商业模式创新，还可以通过协同创新间接地促进商业模式创新。协同是新型研发机构促进高质量发展的重要工具。协同创新在政府扶持与商业模式创新之间的作用在于，通过协同发挥政府扶持的最大作用，激活创新动力。

七、协同创新助力资源整合推动商业模式创新

对资源整合、协同创新与商业模式创新三者之间关系的实证分析表明：协同创新在资源整合对商业模式创新的影响过程中发挥部分中介作用，资源整合不仅可以直接影响新型研发机构的商业模式创新，还可以通过协同创新间接地促进商业模式创新。因此，新型研发机构提升其协同创新能力，有利于更大化地发挥资源整合所能给机构带来的益处，从而增强机构竞争优势，促进机构商业模式创新。

第二节　实践启示

基于以上的相关结论和实践启示，本书对新型研发机构政府扶持、资源整合及协同创新3个方面提出具体的实施策略与建议。

一、充分利用政府扶持，巩固运营基础

从一般意义上来说，针对机构的政府扶持都是可以在一定程度上促进机构运营的，但要真正发挥政府扶持的作用，还需要机构时刻关注政策走向，并制定科学合理的规划，使政府扶持为"我"所用。在有余力的情况下，回馈社会，展现自身的社会担当。

1. 及时关注政策走向

机构发展的生态环境包括宏观环境、中观环境和微观环境，政府是影响机构的宏观因素之一，机构必然要对政府所制定的政策方针保持一定的敏感性。机构应该及时关注政府的官方网站，捕捉与自身可能相关的信息，并结合实际情况，预测其可能带来的风险及利益。

2. 制定科学合理的规划

要最大化地利用来自政府的扶持，新型研发机构必须进行相应的规划。政府的扶持一般体现在政策倾向和发放补助两方面。一方面，政府颁布的政策一般都会对扶持对象有特定的要求，为获得相应的便利及福利，机构应尽力达成可达到但尚未达到的政府所规定的条件。另一方面，不论是政策带来的便利还是政府直接发放补助带来的利益，机构要充分发挥它们的作用，都必须经过科学合理的规划，从而为机构争取到最大的利益。

3. 回馈社会，体现社会担当

政府扶持的支出绝大多数来自社会，政府扶持的目的也在于促进国家经济发展，因此，机构应在有余力的情况下回馈社会。这不仅仅体现在迎合市场需求做出让市场满意的产品，还在于机构是否能主动承担社会责任，或是为社会解决一些难题、或是救助社会某些人群等。

二、精准投放资源，提高资源整合效率

机构要掌控好资源，一方面应该掌控好已有资源，另一方面应该不断地开发新资源。在已有资源的管理上，应做到能明确资源分类、健全资源管理机制等。机构提高资源整合效率的关键在于能及时、精准地投放资源，将资源用在刀刃上，促进机构的发展。

1. 明确资源分类

机构对自身的资源进行管理，必须明确自身所具备的内外部资源有哪些，

了解所有资源的特点及适用场合，才能在恰当的时机准确、及时地投放资源，此外也有利于将资源安排在合适的人手中进行管理与整合。

2. 健全资源管理机制

无序的资源管理会给机构的整体管理带来不便，机构应不断健全、完善资源管理机制，使资源发挥出最大的作用。机构要将资源管理专门化，不能让资源处于无序状态而使得部分资源无法发挥效用。

此外，政府在优化资源管理机制方面也应发挥作用。由于地方政府对新型研发机构市场化转型风险承受能力较强，对参与成本敏感度较低，且在新型研发机构运转中占据主导地位，由其主导的新型研发机构市场化转型具备效率层面的合法性。因此，政府需优化资源投入，提高资源投入效率。

3. 着力开发新资源

机构的运营是在不断变化的环境中进行的，机构发展所需要的条件也是不断变化的。机构需要维持现有资源的来源，比如财务资源，机构要保证自身资金链不断链，可以通过运营获得资本，也可通过外界投资等渠道获得资本。此外，机构也要不断引进创新人才，为自身注入创新活力。

三、发挥协同效应，推动商业模式创新

协同的应用，本质上是对机构内外部资源的协调。机构需要提高内部员工的协同创新意识，从而提升他们的配合度。此外，机构还需要促进协同创新透明化，完善协同创新机制。

1. 提高协同创新意识

新型研发机构开展协同创新工作必须要有人员的参与。管理层应用长远的眼光统筹机构的发展，而负责执行的员工则应对协同创新有最基本的认知。机构方面应做好员工的思想工作，首先不能让员工排斥协同创新，其次应该让员工积极参与到机构协同创新的工作中。

参与机构发展的企业与政府、高校等主体在合作中会形成与观念和行为方式有关的共识，但是规章制度的差异或者各项限制会导致机构内的各部门工作出现各种问题，比如沟通受到阻碍、信息交换不充分、信息反馈无法及时，进而导致机构的部门之间存在各种矛盾，降低各主体之间的协同配合度。因此，机构应当首先提高各部门人员的协同创新意识，通过培训等方式，使各部门人员明白协同创新的必要性以及如何协助配合机构的协同创新工作。

2. 促进协同创新透明化

机构应完善协同创新的相关制度，妥善安排管理人员，将各项管理决定及管理措施透明化，以防机构人员利用管理之便为自己谋私利，同时提高员工对机构的忠诚度。

促进协同创新透明化，建立透明公平的协同机制，使参与协同创新的各方可以充分发挥自己的能力，协同创新、协同保证质量、协同绿色发展。

3. 完善协同创新机制

机构需要用系统的观念来开展协同创新工作，这就要求机构要不断地完善协同创新机制，使协同效应能够被更好地发挥出来。

完善协同创新机制，需要做好顶层设计，共建各方要建立长效共建机制。机构可以通过分析实际情况，制定可行性高的计划，完善相关人员的参与机制，进而提高协同创新的效率。

新型研发机构应在学科发展、人才培养、长期收益等方面与共建母体建立长效互动机制，及时反哺共建方。

第三节 研究的局限性和未来研究展望

本节在前面研究的基础上,阐述本书在调查研究、理论分析和变量选取等方面的不足之处,并基于不足之处对未来的研究进行了展望。

一、研究的局限性

本书围绕政府扶持、资源整合、协同创新和商业模式创新4个变量展开研究,构建了"政府扶持、资源整合—协同创新—商业模式创新"的研究模型,通过扎根理论分析和实证分析过程探究四者之间的关系及其之间的作用机理。本研究具有一定的现实意义和理论意义,但是受到笔者个人主观能力和客观条件的束缚,研究仍然存在一些缺陷和不足,需待今后研究中加以改善和规避。

1. 调查研究方面

本书的调查过程包括问卷调查和访谈。其中,问卷调查的过程包括设计问卷、发放问卷、整理数据等。问卷的设计尽管参考了前人文献中的研究并结合实际情况不断改良,但受主客观条件限制,问卷内容仍有待丰富与改善。再者,由于问卷数据主要是通过网络对新型研发机构进行调查而得到的,选取的对象较为随机,虽然所获得的样本量基本满足了研究需要且通过了信度和效度检验,但机构分布的各个地域在经济发展水平和文化背景等方面差异较大,可能会造成收集到的数据存在一定的差异。

2. 理论分析方面

本书基于扎根理论分析、实证过程及案例佐证所得到的结果是客观的，但在结果的逻辑分析中，仍存在个别逻辑解释并不深入的问题。此外，在整理国内外学者在政府扶持、资源整合、协同创新和商业模式创新4个方面的文献时，由于主客观条件的限制，未能做到全面、透彻的分析，对政府扶持、商业模式创新等理论的理解还有待进一步深入，分析的逻辑性还有待加强，才能更好地为研究提供理论基础和支撑。

3. 变量选取方面

在研究新型研发机构商业模式创新的过程中，本书仅考究了商业模式创新与政府扶持、资源整合及协同创新四者之间的关系，但事实上，在前期调研的过程中，发现还有其他可能影响新型研发机构商业模式创新的因素。本书只考虑了上述所提到的三方面因素，在一定程度上会影响模型的拟合度和研究结论的准确性。在后续研究中，学者可以考虑引入或者使用其他的相关变量。

二、未来展望

创新作为国家经济发展的动力之一，其重要性不言而喻。新型研发机构要在市场中脱颖而出，就必须考虑突破，而创新是其突破的最佳路径之一。创新不仅仅是产业、技术层面的，商业模式方面的创新也至关重要。显然，关于新型研发机构政府扶持、资源整合、协同创新和商业模式创新的研究将会是未来经济方面的一个重要研究方向。

1. 协同创新和商业模式创新之间的关系研究

近年来，许多学者意识到研究商业模式创新的可行性与必要性，但鲜少有学者在研究商业模式创新的同时考虑协同创新的作用，或是在研究协同创新时延伸其研究范围至商业模式创新，这使得研究协同创新和商业模式创新之间的关系变得重要而有必要，在后续研究中可以进一步探究两者之间的联系。总之，协同创新和商业模式创新将是企业值得探究的议题。

2. 调查问卷和理论分析方面

在调查问卷方面，后续的研究中可以尽可能地扩大样本的调查规模，增加样本容量。另外，要注重工作人员和问卷填写者的专业素质，以保证样本数据的质量。在理论分析方面，由于所触及的文献资源有限，理论分析仍不够全面，对政府扶持、资源整合、协同创新等相关变量概念的解释有待加强，对各个变量间关系的论述和维度划分还有待进一步丰富。因此，在后续的研究中，学者要扩大文献检索范围，进一步丰富相关的理论知识。

3. 变量选取和研究工具方面

未来的研究可以考虑如企业定位等相关变量，如果能更全面地考虑可能影响商业模式创新的因素，构建出来的商业模式创新模型或许会更加可靠。

可以考虑引入人力资源、数字创新、资本积累、文化品牌等相关变量，使构建的模型更加完善，研究得出的结论更加全面和更具有说服力。此外，后续在研究新型研发机构商业模式创新时，可以考虑建立可视化的数学模型，利用结构方程模型、时间序列分析、面板数据回归分析等方法对机构展开研究，从而使用于分析的数据更加客观准确，有效避免问卷填写者的主观性。

总之，后续的研究思路并不限于此，关于新型研发机构商业模式创新的研究课题还有更多、更广的领域可供深入。

参考文献

[1] 白旭云，王砚羽，苏欣．研发补贴还是税收激励——政府干预对企业创新绩效和创新质量的影响[J].科研管理，2019，40（6）：9-18

[2] 鲍新中，陶秋燕，盛晓娟．企业并购后整合对创新影响的实证研究——基于资源整合产生协同效应角度的分析[J].华东经济管理，2014，28（8）：101-106.

[3] 卜庆军，刘素梅，刘程军．企业如何实现商业模式创新？——基于清晰集的定性比较分析[J].现代管理科学，2019（9）：78-80.

[4] 程艳红．产学研共建苏州新型研发机构 加强协同创新的思考[J].知识经济，2014，320（11）：173-174.

[5] 曹红军，卢长宝，王以华．资源异质性如何影响企业绩效：资源管理能力调节效应的检验和分析[J].南开管理评论，2011，14（4）：25-31.

[6] 任志宽，龙云凤．解密新业态：新型研发机构的理论与实践[M].广东：广东人民出版社，2020.

[7] 程愚，孙建国．商业模式的理论模型：要素及其关系[J].中国工业经济，2013（1）：141-153.

[8] 程宣梅，杨洋．破解数字化重构的商业模式创新：战略柔性的力量[J].科技管理研究，2022，42（16）：111-118.

[9] 陈维，吴世农，黄飘飘．政治关联、政府扶持与公司业绩——基于中国上市公司的实证研究[J].经济学家，2015，201（9）：48-58.

[10] 陈红，张玉，刘东霞.政府补助、税收优惠与企业创新绩效——不同生命周期阶段的实证研究[J].南开管理评论，2019（3）:187-200.

[11] 蔡双立，孙芳.关系资本、要素整合与中小企业网络化成长[J].改革，2013，233（7）：111-119.

[12] 蔡莉，肖坚石，赵镝.基于资源开发过程的新创企业创业导向对资源利用的关系研究[J].科学学与科学技术管理，2008（1）：98-102.

[13] 陈丽莎.关系嵌入性、资源整合能力与企业创新绩效的实证研究[D].湖南：湖南师范大学，2020.

[14] 查君君.创业拼凑、资源整合能力与新创企业绩效关系研究[D].长沙：湖南工业大学，2020.

[15] 陈嘉铂，张在群，来茂生，等.基于生命周期的科技型中小企业融资策略研究——以辽宁省为例[J].沈阳工业大学学报（社会科学版），2014，7（4）：294-298.

[16] 陈伟，王秀锋，曲慧，等.产学研协同创新共享行为影响因素研究[J].管理评论，2020，32（11）：92-101.

[17] 陈名石.知识型员工互惠性偏好、知识共享与企业绩效的相关性研究[D].重庆：重庆理工大学，2016.

[18] 蔡莉，杨阳，单标安，等.基于网络视角的新企业资源整合过程模型[J].吉林大学社会科学学报，2011，51（3）：124-129.

[19] 陈子韬，袁梦，孟凡蓉.政府资助、科技类社会组织与产学研协同创新[J/OL].科学学研究：1-18[2023-02-28].

[20] 程永波，宋露露，陈洪转，等.复杂产品多主体协同创新最优资源整合策略[J].系统工程理论与实践，2016，36（11）：2867-2878.

[21] 陈华平.商业模式创新[M].北京：人民邮电出版社，2015.

[22] 陈颉.孵化器运营与商业模式研究[M].北京：人民邮电出版社，2015.

[23] 长青，郭松明，马萍，等.主导逻辑对商业模式创新的作用机理：基于动态资源管理视角[J].科研管理，2021，42（12）：45-55.

[24] 储诚炜.制度创新视角下党的农村土地政策变迁研究[M].咸阳：西北农林科技大学出版社，2013.

[25] 陈申万，钟小清，邓燕玲.价值创造视角下 IMS 天下秀商业模式创新研究[J].中国商论，2023（4）：147-149.

[26] 陈晓旭，严敏如.福建省中小型物流企业资源整合研究[J].物流工程与管理，2016，38（7）：42-44.

[27] 陈泽文，许秀梅.疫情危机的环境动态性背景下大数据能力如何提升中小企业绩效——商业模式创新的中介作用[J].管理评论，2023，35（1）：134-145.

[28] 董建中，林祥.新型研发机构的体制机制创新[J].特区实践与理论，2012，197（6）：28-32.

[29] 刁玉柱.商业模式创新：理论视角与研究观点评介[J].首都经济贸易大学学报，2010，12（4）：92-98.

[30] 董晓宏，郭爱英，宋长生.构建企业多要素协同创新的内部支撑环境[J].中国人力资源开发，2007，209（11）：23-26.

[31] 董保宝，葛宝山.新创企业资源整合过程与动态能力关系研究[J].科研管理，2012，33（2）：107-114.

[32] 丁莹莹，乔琳.供应链协同对企业创新绩效的影响[J].统计与决策，2020，36（5）：169-172.

[33] 邓菁，肖兴志.高新技术产业高质量发展的财政扶持策略研究[J].经济与管理研究，2019，40（11）：96-111.

[34] 杜亚灵，林翔宇，凌美鲜.PPP 项目商业模式创新过程中尽善履约行为的贡献度评价[J].昆明理工大学学报（自然科学版），2022，47（6）：163-171.

[35] 丁小洲, 郭韬, 曾经纬. 创业者人格特质对创业企业商业模式创新的影响研究[J]. 管理学报, 2023, 20 (2): 240-248.

[36] 杜晶晶, 林梦情, 陈丽清. 企业资源整合研究综述及展望[J]. 全国流通经济, 2017 (16): 32-34.

[37] 范亚东, 曹秀霞. 政府扶持政策对企业价值的影响研究[J]. 价格理论与实践, 2020, 429 (3): 44-47+142.

[38] 费琳. 浅析水利中小企业资源整合推进水利经济发展[J]. 陕西水利, 2021 (4): 241-243.

[39] 樊治平, 冯博, 俞竹超. 知识协同的发展及研究展望[J]. 科学学与科学技术管理, 2007, 314 (11): 85-91.

[40] 冯伟, 赵玲. 企业集团内部协同创新模式及治理建议[J]. 商场现代化, 2022, (19): 79-81.

[41] 郭小金. 实施资源整合提升企业核心竞争力策略[J]. 经济体制改革, 2011, 170 (5): 177-181.

[42] 郭润萍, 尹昊博, 龚蓉. 资源视角下数字创业企业竞合战略对价值创造作用机理的多案例研究[J]. 管理学报, 2022, 19 (11): 1588-1597.

[43] 郭建杰, 谢富纪. 基于ERGM的协同创新网络形成影响因素实证研究[J]. 管理学报, 2021, 18 (1): 91-98.

[44] 郭韬, 曹路苹, 乔晗. 互补性资产、技术商业化能力与科技型在位企业商业模式创新——基于商业模式冰山理论的系统动力学仿真分析[J/OL]. 系统工程理论与实践: 1-23[2023-03-10].

[45] 郭峰, 陈凯. 数字赋能企业升级: 路径识别与政策支持[J]. 现代经济探讨, 2024 (1): 102-115.

[46] 龚翠艳. 新型研发机构如何让人才活力竞相迸发[J]. 中国人才, 2022 (5): 48-50.

[47] 高长春, 于子维. 技术创新与商业模式创新的组合对文创企业绩效的

影响研究 [J]. 中国物价，2023（6）：110-113.

[48] 高艳慧，万迪昉，蔡地. 政府研发补贴具有信号传递作用吗？——基于我国高技术产业面板数据的分析 [J]. 科学学与科学技术管理，2012，33（1）：5-12.

[49] 高山行，蔡新蕾，江旭. 正式与非正式制度支持对原始性创新的影响：不同所有制类型企业比较研究 [J]. 科学学与科学技术管理，2013，34（2）：42-52.

[50] 何宁，顾颖. 协同效应、组织搜索能力对商业模式创新的作用机制分析——基于高新技术企业的实证分析 [J]. 生产力研究，2017，296（3）：99-102+139.

[51] 何娟. 大数据能力、知识管理与商业模式创新关系研究——基于创新型文化的调节效应 [D]. 成都：西南财经大学，2020.

[52] 胡广伟. 互联网商务模式 [M]. 南京：南京大学出版社，2017.

[53] 胡世良. 移动互联网商业模式创新与变革 [M]. 北京：人民邮电出版社，2013.

[54] 韩炜，宋朗. 新创企业团队断裂带与效率型商业模式创新——基于CPSED Ⅱ 数据库的实证研究 [J/OL]. 管理评论：1-13[2023-03-10].

[55] 黄宏斌，许晨辉，孙雅妮. 设立研发子公司促进了企业集团的协同创新吗？[J/OL]. 经济管理：1-19[2023-02-28].

[56] 胡振兴，李蕊佳，周亚楠，等. 商业模式创新理论的四维透视 [J]. 航空财会，2022，4（5）：24-29.

[57] 黄永烁. 基于RFID技术的企业资源整合与管理 [J]. 数字技术与应用，2018，36（5）：114-116.

[58] 黄新焕，王文平. 转型背景下代工企业资源整合行为及其演化动态 [J]. 系统工程，2016，34（5）：43-47.

[59] 胡丹. 大数据驱动湖北省高校协同创新的运行机制及发展对策 [J]. 互

联网周刊，2022（24）：13-15.

[60] 胡佳斌.设计学视域下应急产业协同创新的策略研究[J].华北科技学院学报，2022，19（6）：87-94.

[61] 龙云凤，刘威.粤港澳大湾区科技协同创新体系建设对策研究[J].情报工程，2021，7（2）：46-56.

[62] 何光辉.发达国家扶持中小企业技术创新政策及启示[J].软科学，2012，26（6）：119-130.

[63] 侯二秀，石晶.企业协同创新的动力机制研究综述[J].中国管理科学，2015，23（S1）：711-717.

[64] 焦豪.双元型组织竞争优势的构建路径：基于动态能力理论的实证研究[J].管理世界，2011（11）：76-91.

[65] 蒋卫平.企业财务战略管理：一个企业能力理论视角[J].财经理论与实践，2011，32（6）：67-70.

[66] 靳二琳.我国互联网企业并购绩效分析[D].长春：长春工业大学，2020.

[67] 蒋先洪.企业战略管理缺失问题与应对策略分析[J].现代商业，2023，（6）：81-84.

[68] 纪慧生，姚树香.制造企业技术创新与商业模式创新协同演化：一个多案例研究[J].科技进步与对策，2019，36（3）：90-97.

[69] 蒋春燕，蒋昀洁，孙甫丽.组织设计与工作分析[M].南京：南京大学出版社，2021.

[70] 蒋樟生.产业技术创新联盟信任机制研究[M].杭州：浙江工商大学出版社，2016.

[71] 江积海，廖芮.商业模式创新中场景商业模式创新动因及作用机理研究[J].科技进步与对策，2017，34（8）：20-28.

[72] 林丁报，康志辉.基于工作流的企业资源整合系统的研究[J].哈尔滨

师范大学自然科学学报, 2015, 31（6）: 95-98.

[73] 梁春安, 赵嵩正, 郭凯. 协同创新的动因及模式研究 [J]. 河南科技大学学报（社会科学版）, 2023, 41（1）: 49-54.

[74] 李梅, 张敏. 科技冬奥协同创新网络构建及其对我国科技创新治理体系的启示 [J]. 科技管理研究, 2022, 42（23）: 30-38.

[75] 李晨光, 张永安. 企业对政府创新科技政策的响应机理研究: 基于回声模型 [J]. 科技进步与对策, 2013, 30（14）: 81-97.

[76] 李东, 王翔. 基于 Meta 方法的商业模式结构与创新路径 [J]. 大连理工大学学报（社会科学版）, 2006（3）: 7-12.

[77] 李廉水, 王宇, 周坤, 等. 我国新型研发机构治理态势、存在问题及政策建议 [J]. 今日科苑, 2022（5）: 1-10.

[78] 罗珉, 李亮宇. 互联网时代的商业模式创新: 价值创造视角 [J]. 中国工业经济, 2015, 322（1）: 95-107.

[79] 刘建刚, 钱玺娇. "互联网+"战略下企业技术创新与商业模式创新协同发展路径研究——以小米科技有限责任公司为案例 [J]. 科技进步与对策, 2016, 33（1）: 88-94.

[80] 李辉, 梁丹丹. 企业数字化转型的机制、路径与对策 [J]. 贵州社会科学, 2020, 370（10）: 120-125.

[81] 卢盛峰, 陈思霞. 政府偏袒缓解了企业融资约束吗？——来自中国的准自然实验 [J]. 管理世界, 2017, 284（5）: 51-65+187-188.

[82] 吕久琴, 郁丹丹. 政府科研创新补助与企业研发投入: 挤出、替代还是激励？[J]. 中国科技论坛, 2011, 184（8）: 21-28.

[83] 李娜. 创业导向、组织学习对新创企业资源整合能力的影响研究 [D]. 大连: 大连理工大学, 2018.

[84] 李雪茹, 白少君, 瞿小璐. "政产学研用"协同创新模式解析——以西安曲江文化创意产业为例 [J]. 科技进步与对策, 2012, 29（22）: 71-75.

[85] 刘云，杨东涛．基于扎根理论的企业主导产学研合作协同创新研究[J]．管理案例研究与评论，2018，11（3）：278-288．

[86] 刘洁，张雪梅．数字化转型对商业模式创新的影响研究——以格力电器为例[J]．财会通讯，2023（4）：171-176．

[87] 李卓．煤炭经济发展中资源整合的重要性分析[J]．中国市场，2023（5）：54-56．

[88] 刘婷，陈家伟．政府扶持与企业创新：综述与展望[J]．河南财政税务高等专科学校学报，2023，37（2）：34-39．

[89] 李雨晖．市场经济条件下企业资源管理问题及对策研究[J]．企业改革与管理，2021（21）：32-33．

[90] 李娜，黄永春．数字经济时代知识协同与跨学科团队创新绩效[J]．江海学刊，2023（5）：130-137+256．

[91] 李伟杰，宋焱．企业战略协同：理论综述与中国实践[J]．当代经济管理，2013，35（8）：8-13．

[92] 廖素琴，胡倩莹．战略敏捷性视角下商业模式创新多因素驱动机理研究——基于fsQCA的实证分析[J]．上海管理科学，2023，45（6）：76-81．

[93] 廖化化，黄蕾，胡斌．资源保存理论在组织行为学中的应用：演变与挑战[J]．心理科学进展，2022，30（2）：449-463．

[94] 李良成，陈兴菊．基于社会网络分析法的产学研协同创新政策研究[J]．企业经济，2018，37（6）：173-180．

[95] 刘亚婕，董锋．政府参与下新能源汽车企业间协同创新的竞合策略研究[J]．研究与发展管理，2022，34（5）：136-148．

[96] 刘月宁，王凤彬．国外商业模式研究演进：一个文献计量分析[J]．学术研究，2017（2）：100-108+178．

[97] 刘丰，邢小强．商业模式衍生式创新：动因、方式与类型识别[J/OL]．科学学研究：1-16[2023-02-26]．

[98] 刘启强，黄丽华.广东华科大工研院：创新机制体制 创造无限可能[J].广东科技，2018，27（4）：30-33.

[99] 李贵平.西部民族地区经济社会发展政策研究[M].成都：四川大学出版社，2018.

[100] 刘旺霞.货币政策调控与经济周期的实证研究[M].武汉：武汉理工大学出版社，2016.

[101] 李悦，郑可心，汪迪棣，等.我国文化产业投融资政策研究[M].成都：四川大学出版社，2015.

[102] 蓝志勇，李东泉，杨宏山，等.城乡可持续发展与公共政策[M].北京：中国人民大学出版社，2014.

[103] 李唯滨，李嘉璐，刘金奇.算法赋能便利蜂价值创造研究——基于商业模式创新视角[J].财务管理研究，2022（12）：1-11.

[104] 罗公利，杨青，边伟军.商业模式创新、动态能力与化工企业高质量发展[J].山东社会科学，2022，328（12）：126-133.

[105] 刘小川.论我国对科技型中小企业的财政政策扶持体系[J].南京师大学报（社会科学版），2006（6）：58-62.

[106] 李盼盼，乔晗，郭韬.数字化水平对制造企业商业模式创新的跨层次作用研究[J].科研管理，2022，43（11）：11-20.

[107] 李明达.企业商业模式创新变革与治理研究[J].产业创新研究，2022（21）：148-150.

[108] 杨丽丽，刘璐璐.平台赋能提升中小外贸企业绩效了吗？——基于商业模式创新的中介作用[J].中国物价，2022（10）：115-117.

[109] 李浩楠.共享经济背景下企业商业模式创新发展研究[J].现代商业，2022（28）：36-38.

[110] 李晓华.科技创新与商业模式创新：互动机制与政策导向[J].求索，2022（5）：179-188.

[111] 刘红华. 创新、协同创新与融通创新内涵的探究 [J]. 中小企业管理与科技（中旬刊），2020，626（10）：64-65.

[112] 马家喜，金新元. 基于联合决策的高校—企业协同创新模式选择研究 [J]. 软科学，2015，29（2）：61-67.

[113] 马永强，阳丹，巩亚林. 经济周期、政府扶持与企业创新 [J]. 会计研究，2022，415（5）：49-64.

[114] 孟溦，宋娇娇. 新型研发机构绩效评估研究——基于资源依赖和社会影响力的双重视角 [J]. 科研管理，2019，40（8）：20-31.

[115] 孟韬. 互联网时代的大众生产 [M]. 北京：中国人民大学出版社，2020.

[116] 毛在丽，朱金生，吕杜，等. 国际贸易理论与政策 [M]. 北京：人民邮电出版社，2014.

[117] 苗东升. 系统科学大学讲稿 [M]. 北京：中国人民大学出版社，2007.

[118] 牛海霞. 税收优惠政策与科技型中小企业风险投资发展研究 [J]. 中国流通经济，2004（3）：40-43.

[119] 潘柳榕. 技术进步路径、商业模式创新与企业价值创造——以流通业上市公司为例 [J]. 商业经济研究，2023（4）：150-153.

[120] 潘家利. 新型研发机构的知识管理研究 [D]. 昆明：云南大学，2015.

[121] 潘越，戴亦一，李财喜. 政治关联与财务困境公司的政府补助——来自中国ST公司的经验证据 [J]. 南开管理评论，2009，12（5）：6-17.

[122] 彭伟，符正平. 联盟网络、资源整合与高科技新创企业绩效关系研究 [J]. 管理科学，2015，28（3）：26-37.

[123] 饶扬德. 企业资源整合过程与能力分析 [J]. 工业技术经济，2006（9）：72-74.

[124] 崔启国. 基于网络视角的创业环境对新创企业绩效的影响研究 [D]. 长春：吉林大学，2007.

[125] 霍小蕊. 组织行为学在企业管理中的应用 [J]. 合作经济与科技, 2023（10）: 130-131.

[126] 黄南, 王聪, 薄文广. 新发展格局下数字经济驱动产业变革: 内在机理与实现路径 [J]. 江海学刊, 2022（2）: 91-99.

[127] 贺志茹. 财政税收制度创新对中小企业的扶持 [J]. 纳税, 2023, 17（27）: 19-21.

[128] 饶扬德. 基于社会资本的企业竞争能力研究 [J]. 华东经济管理, 2005（10）: 79-81.

[129] 饶扬德, 唐喜林. 市场、技术及管理三维创新协同过程及模型研究 [J]. 科技进步与对策, 2009, 26（13）: 5-8.

[130] 孙卫东. 产业集群内中小企业商业模式创新与转型升级路径研究——基于协同创新的视角 [J]. 当代经济管理, 2019, 41（6）: 24-29.

[131] 宋保林. 企业技术创新过程中技术知识流动研究 [M]. 北京: 新华出版社. 2017.

[132] 孙卫东, 宋卫. 中小微企业基业长青之道——基于企业全生命周期管理视角 [M]. 南京: 东南大学出版社, 2018.

[133] 舒明. 论我国煤炭企业资源整合并购 [J]. 财会学习, 2017（18）: 171+173.

[134] 石琳娜, 陈劲. 基于知识协同的产学研协同创新稳定性研究 [J]. 科学学与科学技术管理, 2023, 44（9）: 67-81.

[135] 孙春艳, 王凤彬. 大型国有企业集团内部如何实现战略协同？——一项聚焦管控效力的定性比较分析 [J]. 外国经济与管理, 2023, 45（9）: 135-152.

[136] 孙菲. 大数据时代企业人力资源绩效管理创新分析 [J]. 人才资源开发, 2023（22）: 76-78.

[137] 单轶. 基于核心竞争力的航空物流企业资源整合分析 [J]. 物流工程与

管理，2015，37（8）：16-17+21.

[138] 石映昕，杨云霞.协同创新、产业结构升级与绿色经济效率[J].云南财经大学学报，2023，39（1）：1-17.

[139] 申远.新全球化视角下我国企业产业共生模式与绩效研究——基于"一带一路"江苏企业资源整合模式[J].学海，2019（6）：100-105.

[140] 史永东，王彤彤.政府扶持与企业创新[J].系统工程理论与实践，2022，42（8）：2002-2016.

[141] 谭海斌.关于新型研发机构的研究和思考[J].安徽科技，2012，284（10）：19-22.

[142] 仝自强，李鹏翔，杨磊，等.商业模式创新与技术创新匹配性对后发企业绩效的影响——来自年报文本分析的实证研究[J].科技进步与对策，2022，39（11）：84-93.

[143] 汤新慧，邢小强，周平录.商业模式创新：研究现状与展望[J/OL].研究与发展管理：1-13[2023-03-10].

[144] 唐海英.论公有制企业资源整合下的清产核资[J].商讯，2021（27）：120-122.

[145] 屠羽，彭本红，鲁倩.战略性新兴产业商业模式创新与网络治理协同耦合研究[J].华东经济管理，2017，31（11）：127-136.

[146] 王鑫鑫，王宗军，涂静.基于系统视角的软件企业商业模式创新研究[J].情报杂志，2010，29（6）：203-207.

[147] 王雪冬，董大海.商业模式的学科属性和定位问题探讨与未来研究展望[J].外国经济与管理，2012（3）：2-9.

[148] 翁君奕.商务模式创新[M].北京：经济管理出版社，2004.

[149] 魏江，刘洋，应瑛.商业模式内涵与研究框架建构[J].科研管理，2012（5）：107-112.

[150] 王春晖，李平.政府扶持企业技术创新的政策效应分析[J].科技进步

与对策，2012，29（2）：106-109.

[151] 王立军.国内新型研发机构的政策比较及启示[J].杭州科技，2017（5）：31-34.

[152] 王克敏，刘静，李晓溪.产业政策、政府支持与公司投资效率研究[J].管理世界，2017，282（3）：113-124+145+188.

[153] 武亚军."战略框架式思考""悖论整合"与企业竞争优势：任正非的认知模式分析及管理启示[J].管理世界，2013，29（4）：150-167.

[154] 王翔，梁琦.尖端制造领域的平台扩张效应——基于资源整合的协同创新模式[J].学术研究，2017，389（4）：95-102+178.

[155] 汪秀婷，程斌武.资源整合、协同创新与企业动态能力的耦合机理[J].科研管理，2014，35（4）：44-50.

[156] 王兴全.上海文化创意产业园区政策发展史[M].上海：上海社会科学院出版社，2020.

[157] 王立勇.财政货币政策非线性效应与宏观调控有效性研究[M].北京：中国人民大学出版社，2012.

[158] 王炳成，李丰娟.新创企业商业模式创新实现路径——fsQCA方法的多层次视角[J].技术与创新管理，2023，44（1）：43-52.

[159] 王荣.商业模式创新案例研究——以东方甄选农产品双语直播为例[J].上海商业，2023，527（1）：8-10.

[160] 王水莲，常联伟.商业模式概念演进及创新途径研究综述[J].科技进步与对策，2014,31（7）：154-160.

[161] 王炳成，郝兴霖.平台型领导如何推动商业模式创新？——一个有调节的链式中介模型[J/OL].管理工程学报：1-13[2023-03-10].

[162] 王培林，张治栋.产学研合作创新中的知识转移过程模式[J].情报理论与实践，2012，35（12）：47-51.

[163] 吴青，鲍晓地.供给侧改革视角下航运企业资源整合研究[J].航海，

2016（4）：74-75.

[164] 王选飞，吴应良，黄媛. 基于合作博弈的移动支付商业模式动态联盟企业利益分配研究[J]. 运筹与管理，2017，26（7）：29-38.

[165] 武建龙，王宏起. 战略性新兴产业突破性技术创新路径研究——基于模块化视角[J]. 科学学研究，2014，32（4）：508-518.

[166] 王克敏，刘静，李晓溪. 产业政策、政府支持与公司投资效率研究[J]. 管理世界，2017，282（3）：113-124+145+188.

[167] 吴绍波，顾新. 知识链组织之间合作的知识协同研究[J]. 科学学与科学技术管理，2008，323（8）：83-87.

[168] 夏芸，张茂，林子昂. 政府补助能否促进企业的 ESG 表现？——融资约束的中介效应与媒体关注的调节作用[J]. 管理现代化，2023（1）：54-63.

[169] 肖振红，李炎. 绿色技术创新模式、环境规制与产学研协同绿色创新[J/OL]. 管理工程学报：1-14[2023-03-01].

[170] 谢巍. 商业模式创新与出版业转型升级研究[M]. 北京：文化发展出版社，2020.

[171] 肖振东. 我国政府对上市公司财政扶持研究[M]. 大连：大连出版社，2009.

[172] 向宇. 影子银行对货币政策影响研究[M]. 成都：四川大学出版社，2014.

[173] 徐秀艺，马骏. 物流企业资源整合财务分析模型的构建[J]. 会计之友，2015（12）：85-87.

[174] 徐晓英，孔琳，祝琴. 基于"互联网+"高科技产业集群协同创新模式[J]. 南昌大学学报（理科版），2022，46（6）：682-688.

[175] 夏太寿，张玉赋，高冉晖，等. 我国新型研发机构协同创新模式与机制研究——以苏粤陕6家新型研发机构为例[J]. 科技进步与对策，2014，31（14）：13-18.

[176] 荀启明，李巍. 商业模式创新视角下的战略柔性形成机制研究 [J]. 商业经济研究，2015，684（29）：90-92.

[177] 谢德荪. 源创新：转型期的中国企业创新之道 [M]. 北京：五洲传播出版社，2012.

[178] 许晨曦，孟大虎. 国有企业协同创新的内在逻辑、模式构建与行动策略 [J]. 求是学刊，2023，50（2）：81-91.

[179] 徐梅. 财政协同金融促进企业科技创新模式的效果差异研究 [J]. 上海对外经贸大学学报，2023，30（6）：35-49.

[180] 谢园园，梅姝娥，仲伟俊. 产学研合作行为及模式选择影响因素的实证研究 [J]. 科学学与科学技术管理，2011，32（3）：35-43.

[181] 夏晶. 促进中国内外经济均衡的财政政策研究 [M]. 北京：新华出版社，2015.

[182] 叶峥，郑健壮. 集群企业网络特征与创业行为：基于创业能力的实证研究 [J]. 科研管理，2014，35（1）：58-65.

[183] 严雄. 产学研协同创新五大问题亟待破解 [N]. 中国高新技术产业导报，2007-03-20.

[184] 范亚东，曹秀霞. 政府扶持政策对企业价值的影响研究 [J]. 价格理论与实践，2020，429（3）：44-47+142.

[185] 杨林广. 政府扶持、企业创新投入与工业经济转型 [J]. 技术经济与管理研究，2021，298（5）：33-38.

[186] 易开刚. 旅游商业模式创新与转型发展 [M]. 杭州：浙江工商大学出版社，2019.

[187] 于骥，岳洪竹. 国有垄断企业技术创新研究 [M]. 成都：四川大学出版社，2017.

[188] 尹丹莉. 当前我国财政扶持中小企业融资的政策分析 [J]. 中央财经大学学报，2011（08）：18-22.

[189] 尹巍巍.我国大型物流企业资源管理优化研究[J].全国流通经济，2020（11）：22-24.

[190] 杨皎平.产业集群对技术创新的影响机理及动态演化[M].北京：中国人民大学出版社.2015.

[191] 尹苗苗，马艳丽.不同环境下新创企业资源整合与绩效关系研究[J].科研管理，2014，35（8）：110-116.

[192] 杨敏.传统行业的企业资源整合与商业模式创新[J].市场研究，2019（10）：69-70.

[193] 杨世明，贾建林，蓝庆新.产学研协同创新与政府职能的变迁——基于职能维度演变识别和政策文本分析[J].中国高校科技，2021，399（11）：84-88.

[194] 赵岩.市场竞争、政府支持与企业创新绩效[J].哈尔滨商业大学学报（社会科学版），2018（6）：42-53.

[195] 赵远亮，敖敦.加快科技体制改革 发展新型研发机构[J].实践（思想理论版），2014，624（1）：39-40.

[196] 周江华，仝允桓，李纪珍.基于金字塔底层（BOP）市场的破坏性创新——针对山寨手机行业的案例研究[J].管理世界，2012（2）：113-13.

[197] 张璐，雷婧，张强，等.纲举而目张：基于价值主张演变下商业模式创新路径研究[J].南开管理评论，2022，25（4）：110-121.

[198] 张省，杨倩.数字技术能力、商业模式创新与企业绩效[J].科技管理研究，2021，41（10）：144-151.

[199] 周琪，苏敬勤，长青，等.战略导向对企业绩效的作用机制研究：商业模式创新视角[J].科学学与科学技术管理，2020，41（10）：74-92.

[200] 朱平芳，徐伟民.政府的科技激励政策对大中型工业企业R&D投入及其专利产出的影响——上海市的实证研究[J].经济研究，2003（6）：45-53+94.

[201] 朱武祥，张平，李鹏飞，等.疫情冲击下中小微企业困境与政策效率提升——基于两次全国问卷调查的分析[J].管理世界，2020，36（4）：13-26.

[202] 郑春美，李佩.政府补助与税收优惠对企业创新绩效的影响——基于创业板高新技术企业的实证研究[J].科技进步与对策，2015，32（16）：83-87.

[203] 曾萍，邬绮虹.政府支持与企业创新：研究述评与未来展望[J].研究与发展管理，2014，26（2）：98-109.

[204] 张翅.政府补贴的技术创新激励效应——来自农业上市公司的证据[J].农业技术经济，2020（1）：92-101.

[205] 张力.产学研协同创新的战略意义和政策走向[J].教育研究，2011（7）：18-21.

[206] 张艺，许治，朱桂龙.协同创新的内涵、层次与框架[J].科技进步与对策，2018，35（18）：20-28.

[207] 周志太.知识经济时代协同创新网络的内涵与特性[J].社会科学研究，2019，245（6）：41-47.

[208] 周敏冬，陆诗好，张兆慧，等.国内协同创新研究综述[J].中国集体经济，2019（26）：71-73?

[209] 周永红，杨芝.企业技术创新生态系统及其制约因素[J].科技创业月刊，2014，27（7）：9-11.

[210] 龙云凤.广东企业型省级新型研发机构发展特点分析[J].广东科技，2020，29(11)：40-43.

[211] 张清辉，郭清伟.基于三螺旋理论的产业共性技术协同创新模式构建研究[J].特区经济，2015，314（3）：39-40.

[212] 周青，杨伟，马香媛.浙江企业产学研合作主体性的实证研究[J].科学学与科学技术管理，2012，33（4）：142-146.

[213] 赵芸，秦哲璇，胡秀娟. 产学研协同创新的研究述评——基于 Citespace 的可视化分析 [J]. 教育理论与实践，2022，42（33）：12-15.

[214] 章凯，罗文豪，袁颖洁. 组织管理学科的理论形态与创新途径 [J]. 管理学报，2012，9（10）：1411-1417.

[215] 邹文篪，田青，刘佳."投桃报李"——互惠理论的组织行为学研究述评 [J]. 心理科学进展，2012，20（11）：1879-1888.

[216] 张东生，丁玉婉，刘宏波. 企业战略管理基本原理探索的质性研究 [J]. 企业经济，2019，469（9）：92-99.

[217] 张东生，王宏伟. 战略管理理论前沿与演变规律——基于文献的科学计量分析 [J]. 管理现代化，2021，41（4）：121-125.

[218] 周俊亭，席彦群，周媛媛. 区域技术市场、政府扶持与科技创新 [J]. 中国软科学，2021，371（11）：80-90.

[219] 赵锐，汪佳，武杰. 产学研协同创新中知识产权激励与保障机制研究——以开放的复杂巨系统理论为视角 [J]. 中国高校科技，2022，410（10）：69-74.

[220] 赵喜洋，石磊，余谦. 企业创新系统的序变协同演化模型与仿真研究 [J]. 管理学报，2021，18（3）：402-409.

[221] 赵曙明，尼古拉斯，刘春林，等. 全球投资、新技术与创新人力资源管理实践 [M]. 南京：南京大学出版社，2021.

[222] 朱斌. 技术创新与资本市场 [M]. 南京：南京大学出版社，2019.

[223] 张玉赋，汪长柳. 区域网络化产业技术创新系统研究 [M]. 南京：东南大学出版社，2017.

[224] 周柏春，孔凡瑜. 公共政策理论与实务 [M]. 北京：新华出版社，2014.

[225] 郑伟，田家宽，栾永强，等."多测合一"背景下测绘企业资源整合与共享机制探讨 [J]. 城市勘测，2020（4）：178-181.

[226] 曾碧霞. 煤炭企业资源整合中的长期股权投资核算分析 [J]. 财经界, 2020（1）：50-51.

[227] 张晶. 对如何构建物流企业资源整合财务分析模型的探讨 [J]. 中国总会计师, 2017（7）：122-123.

[228] 张一博. 联盟网络类型、资源整合方式与企业绩效：一个理论模型 [J]. 现代管理科学, 2016（9）：88-90.

[229] 张李丹. 暂时性集群视角下国际会展对企业资源整合的效应研究——以中国-南亚博览会为例 [J]. 金融经济, 2016（12）：40-42.

[230] 曾宪洪. 烟草企业财务管理中的企业资源整合思考 [J]. 企业研究, 2015（7）：78-79.

[231] 朱昱昊, 邓晶, 蒋幻婕, 等. 京津冀城市群区域协同创新的绿色经济溢出效应研究 [J]. 统计理论与实践, 2022（12）：20-27.

[232] 朱勇, 吕璐. 高技术产业协同创新对绩效影响的异质性研究 [J]. 科技与经济, 2022, 35（6）：36-40.

[233] 周琼琼, 华青松. 科技资源配置对技术创新能力的影响研究 [M]. 成都：西南交通大学出版社, 2017.

[234] 张秀娥, 于姝玥, 叶凯莉. 商业模式创新对农业新创企业绩效的作用机制 [J]. 中国农业会计, 2022（12）：15-17.

[235] 张越, 赵树宽. 基于要素视角的商业模式创新机理及路径 [J]. 财贸经济, 2014, 391（6）：90-99.

[236] 张青, 华志兵. 资源编排理论及其研究进展述评 [J]. 经济管理, 2020, 42（9）：193-208.

[237] 邹仕剑. 政府扶持、家庭创业与家庭金融资产配置 [J/OL]. 经营与管理：1-17[2024-02-03].

[238] 赵芹沅, 张慧明. 企业技术并购下的技术资源整合路径研究 [J]. 商场现代化, 2023（1）：56-59.

[239] 张敬怡，李煜华. 价值共创视角下制造业企业资源整合与流程整合动态耦合研究 [J/OL]. 软科学：1-14[2024-02-03].

[240] 朱书昕，许成磊，陈童婕，等. 科技型中小企业的数字化研发协同模式研究 [J]. 科技与经济，2023，36（4）：21-25.

[241] Amit R，Schoemaker P J H. Strategic assets and organizational rent[J]. Strategic Management Journal，1993（14）：33-46.

[242] Anklam P. Knowledge management：The collaboration thread[J]. Bulletin of the American Society for Information Science & Technology，2002，28（6）：8‐11.

[243] Adner R. Match your innovation strategy to your innovation ecosystem[J]. Harvard Business Review，2006，84（4）：98-107+148.

[244] Al-Debei M M，Avison D.Developing a unified framework of the business model concept [J]. European Journal of Information Systems，2010（19）：359-376.

[245] Barney J B. Firm resource and sustained competitive advantage[J]. Journal of Management，1991，17（1）：99-120.

[246] Bock A，Opsahl T，Gerard G. Business model innovation and strategic flexibility：Effects of informal and formal organization[C]//Academy of Management Annual Meeting，2010.

[247] Bocconcelli R，Carlborg P，Harrison D，et al. Resource interaction and resource integration：Similarities，differences，reflections[J]. Industrial Marketing Management，2020，91（7）：385-396.

[248] Bogers M，Chesbrough H，Heaton S，et al. Strategic management of open innovation：A dynamic capabilities perspective[J]. California Management Review，2019，62（1）：77-94.

[249] Boztepe S. Toward a framework of product development for global markets：

A user-value-based approach[J]. Design Studies, 2007, 28（5）: 513-533.

[250] Bowman C, Ambrosini V. Value creation versus value capture: Towards a coherent definition of value in strategy[J]. British Journal of Management, 2002, 11（1）: 1-15.

[251] Benner M J. Process management, technological innovation, and organizational adaptation[D]. New York: Columbia University, 2002.

[252] Barney J B. Firm resource and sustained competitive advantage[J]. Journal of Management, 1991, 17（1）: 99-120.

[253] Zott C, Amit R. Business model design: An activity system perspective[J]. Long Range Planning, 2009, 43（2-3）: 216-226.

[254] Casadesus-Masanell R, Ricart J E. From strategy to business models and onto tactics[J]. Long Range Planning, 2010, 43（2-3）: 195-215.

[255] Collis D J. How valuable are organisational capabilities? [J]. Strategic Management Journal, 1994（15）: 143-152.

[256] Anne C H. Evolution made to order: Plant breeding and technological innovation in Twentieth-Century America[M]. Chicago: University of Chicago Press, 2019.

[257] Demil B, Lecocq X. Business model evolution: In search of dynamic consistency[J]. Long Range Planning, 2011, 43（2-3）: 227-246.

[258] Darroch J, McNaughton R. Beyond market orientation knowledge management and the innovativeness of New Zealand firms[J]. European Journal of Marketing, 2003, 37（3-4）: 572-593.

[259] Dinopoulos E, Sener F. New directions in schumpeterian growth theory[J]. Chapters, 2007, 45（5）: 746-746.

[260] Eisingerich A B, Bell S J, Tracey P. How can clusters sustain performance? The role of network strength, network openness, and environmental

uncertainty[J]. Research Policy, 2010, 39 (2): 239-253.

[261] Franke N, Piller F. Value creation by toolkits for user innovation and design: The case of the watch market[J]. Journal of Product Innovation Management, 2004, 21 (6): 401-415.

[262] Felin T, Hesterly W S. The knowledge-based view, nested heterogeneity, and new value creation: Philosophical considerations on the locus of knowledge[J]. The Academy of Management Review, 2001 (1): 195-218.

[263] Fischer M M, Diez J R, Snickars F, et al. Metropolitan innovation systems: Theory and evidence from three metropolitan regions in Europe[M]. Berlin: Springer, 2001.

[264] Gourville J T. Eager sellers and stony buyers[J]. Harvard Business Review, 2006, 84 (6): 98-106.

[265] Pohle G, Chapman M. IBM's global CEO report 2006: Business model innovation matters[J]. Strategy & Leadership, 2006, 34 (5): 34-40.

[266] Granovetter M S. The Strength of Weak Ties[J]. American Journal Sociology, 1973, 1 (78): 1360-1380.

[267] Granovetter M. Economic action and social structure: The problem of embeddedne[J]. American Journal of Sociology, 1985, 91 (3): 481-510.

[268] Kim, Linsu. Crisis construction and organizational learning: capability building in catching-up at Hyundai Motor[J]. Organization Science, 1998, 9 (4): 506-521.

[269] Kaplan A M, Haenlein M. Toward a parsimonious definition of traditional and electronic mass customization[J]. Journal of Product Innovation Management, 2010, 23 (2): 168-182.

[270] Hansen M T. The search-transfer problem: The role of weak ties in sharing knowledge across organization subunits[J]. Administrative Science Quarterly,

1999, 44（1）: 82-111.

[271] Magretta J. Why business models matter[J]. Harvard Business Review, 2002, 80（5）: 86-92+133.

[272] March J G. Exploration and exploitation in organizational learning[J]. Organization Science, 1991, 2（1）: 71-87.

[273] Moran P, Ghoshal S. Value creation by firms[J]. Academy of Management Annual Meeting Proceedings, 1996（1）: 41-45.

[274] Nielsen B. Strategic knowledge management research: Tracing the co-evolution of strategic management and knowledge management perspectives[J]. Competitiveness Review, 2005, 15（1）: 1-13.

[275] Osterwalder A, et al. Clarifying business models, Origins, present and future of the concept [J]. Business, 2005, 15（5）: 1-25.

[276] Peng M W, Luo Y. Managerial ties and firm performance in a transitions economy: The nature of a micro-macro link[J]. Academy of Management Journal, 2000, 43（3）: 486-501.

[277] Peters L D, Lobler H, Brodic R J, et. al. Theorizing about resource integration through service dominant logic[J]. Marketing Theory, 2014, 14（3）: 249-268.

[278] Perks H. Exploring processes of resource exchange and co-creation in strategic partnering for new product development[J]. International Journal of Innovation Management, 2004, 8（1）: 37-61.

[279] Priem R L. A consumer perspective on value creation [J]. Academy of Management Review, 2007, 32（1）: 219-235.

[280] Powers J B, Mcdougall P P. University start-up formation and technology licensing with firms that go public: A resource-based view of academic entrepreneurship[J]. Journal of Business Venturing, 2005, 20（3）: 291-311.

[281] Boulton R E S, Libert B D, Samek S M. A business model for the new economy[J]. Journal of Business Strategy, 2000, 21 (4): 29-35.

[282] Makadok R. Toward a synthesis of the resource-based and dynamic-capability views of rent creation[J]. Strategic Management Journal, 2001, 22 (5): 387-401.

[283] Razak A A, Saad M. The role of universities in the evolution of the Triple Helix culture of innovation network: The case of Malaysia[J]. International Journal of Technology Management & Sustainable Development, 2007, 6 (3): 211-225.

[284] Raisch S, Birkinshaw J, Probst G, et al. Organizational ambidexterity: Balancing exploitation and exploration for sustained performance[J]. Organization Science, 2009, 20 (4): 685-695.

[285] Schiele H. How to distinguish innovative suppliers? Identifying innovative suppliers as new task for purchasing[J]. Industrial Marketing Management, 2006, 35 (8): 925-935.

[286] Terziovski M. Innovation practice and its performance implications in small and medium enterprises (SMEs) in the manufacturing sector: A resource-based view[J]. Strategic Management Journal, 2010, 31 (8): 892-902.

[287] Teece D J. Business models, business strategy and innovation[J]. Long Range Planning, 2010 (2/3): 43.

[288] Tidd J, Bessabt J. Managing innovation: Integrating technological, market and organizational change[M]. 4th Ed. Chichester: John Wiley & Sons Ltd, 2009.

[289] TomPerers. Thriving on chaos: Handbook for a management revolution[M]. New York: Harper Perennial, 1991.

[290] Wang E C, Huang W. Relative efficiency of R&D activities: A cross-country study accounting for environmental factors in the DEA approach[J]. Research

Policy, 2007, 36（2）: 260-273.

[291] Johnson M W, Christensen C C, Kagermann H. Reinventing your business model[J]. Harvard Business Review, 2008, 87（12）: 52-60.

[292] Zott C, Amit R. The fit between product market strategy and business model: Implications for firm performance[J]. Strategic Management Journal, 2008, 29（1）: 1-26.

[293] Zerni M, Kallunki J P, Nilsson H. The entrenchment problem, corporate governance mechanisms, and firm value[J]. Social Science Electronic Publishing, 2010, 27（4）: 1169-1206.

附录一 问 卷

尊敬的先生/女士：

感谢您参与此次调研！本研究旨在调查新型研发机构商业模式创新的影响机理。本次调查的样本是有限的，您的回答将会成为本次研究的重要依据。敬请您根据公司的实际情况，回答下面的每一个问题，甚为感谢！本问卷所得数据仅供整体分析研究，绝对不会进行个别处理与披露，请您勿须有任何顾虑并请尽量客观作答！

非常感谢您的合作与支持！敬祝事业顺利，鸿图大展！

一、公司及个人基本资料

本部分是贵机构的基本资料，主要为配合学术研究所需，烦请真实填写，此数据绝不对外公开。请在选项上进行选择或填写。

1. 请问贵机构所在地区为 [填空题] ＿＿＿＿＿＿

2. 请问贵机构的法人性质为 [单选题]

○企业 ○事业单位 ○社会服务机构 ○其他

3. 请问贵机构的经营年限为 [单选题]

○1~5年 ○5~10年 ○10~15年 ○15~20年 ○20年以上

4. 请问贵机构目前的员工人数为 [单选题]

○20人以下 ○20~50人 ○50~100人 ○100~500人 ○500人以上

5. 请问贵机构的总资产为 [单选题]

○ 1000 万元以下　　○ 1000 万 ~ 5000 万元　　○ 5000 万 ~ 1 亿元
○ 1 亿 ~ 10 亿元　　○ 10 亿元以上

二、政府扶持相关问题测量

政府扶持主要分为政策支持、财政扶持两个维度，并在相关维度下设置相关问题。请对以下表述进行评分，1 代表非常不赞同、2 代表比较不赞同、3 代表一般、4 代表比较赞同、5 代表非常赞同。

1. 政策支持 [矩阵量表题]

题项	问题	1	2	3	4	5
PS1	机构所在的产业享受政策倾斜					
PS2	机构享受政策福利					
PS3	政府与机构有合作					

2. 财政扶持 [矩阵量表题]

题项	问题	1	2	3	4	5
SR1	机构能够获得来自政府的资金补助					
SR2	政府向机构提供相应的产品或服务					
SR3	政府扶持能够缓解机构的资金压力					

三、资源整合相关问题测量

资源整合主要分为资源管理、整合绩效两个维度，并在相关维度下设置相关问题。请对以下表述进行评分，1代表非常不赞同、2代表比较不赞同、3代表一般、4代表比较赞同、5代表非常赞同。

1. 资源管理 [矩阵量表题]

编号	问题	1	2	3	4	5
RM1	机构有资源管理意识					
RM2	机构能有效地管理资源					
RM3	机构的资源管理能为其带来效益					

2. 整合绩效 [矩阵量表题]

编号	问题	1	2	3	4	5
IP1	机构能够较好地整合各项资源					
IP2	机构的投入产出比高					
IP3	机构对资源的利用效率高					

四、协同创新相关问题测量

协同创新主要分为知识协同、战略协同两个维度，并在相关维度下设置相关问题。请对以下表述进行评分，1代表非常不赞同、2代表比较不赞同、3代表一般、4代表比较赞同、5代表非常赞同。

1. 知识协同 [矩阵量表题]

编号	问题	1	2	3	4	5
KC1	机构有较为丰富的知识资源					
KC2	机构能够较好地培训人才					
KC3	机构内的人员能够较好地相互配合工作					

2. 战略协同 [矩阵量表题]

编号	问题	1	2	3	4	5
SE1	机构与合作方有相似的价值观					
SE2	机构内部人员一般能够进行有效的交流					
SE3	机构内部人员具有一致的风险观念					

五、商业模式创新相关问题测量

商业模式创新主要分为创新路径和创新绩效两个维度，并在相关维度下设置相关问题。请对以下表述进行评分，1代表非常不赞同、2代表比较不赞同、3代表一般、4代表比较赞同、5代表非常赞同。

1. 创新路径 [矩阵量表题]

编号	问题	1	2	3	4	5
IR1	机构能正确选择创新路径					
IR2	机构的路径选择符合长期战略规划					
IR3	机构的创新选择是正确的					

2. 创新绩效 [矩阵量表题]

编号	问题	1	2	3	4	5
IM1	机构业务稳定增长					
IM2	机构是可持续发展的					
IM3	机构综合实力有所增强					

本次问卷调查到此结束，再次感谢您的填写！

附录二 访谈大纲

一、访谈目的

了解新型研发机构的政府扶持、资源整合、协同创新及商业模式创新的相关状况。

二、访谈方式

面对面访谈。

三、访谈对象

新型研发机构的工作人员。

四、提问提纲

1. 访谈开场语

您好,我们目前正在进行新型研发机构的专题调查,内容主要用于学术研究,能否耽误您 5 分钟左右宝贵的时间完成本次访谈。本次访谈主要通过问答形式进行,访谈内容将严格保密。为保证访谈的真实性,请真实地回答每个问题，如果没有疑问的话，我们就开始吧！

2. 访谈内容（包括但不限于以下问题，会根据回答情况灵活增加设问）

（1）您在机构里从事什么职位？

（2）如果给机构待遇评等级，满意、中等和不满意您选择哪个？

（3）近几年机构是否获得过相关政府扶持，有的话，麻烦您展开讲讲具体获得了哪些政府扶持？（如若没有，直接跳转第7个问题）

（4）贵机构获得的政府扶持是通过哪种渠道获悉的？

（5）您认为机构获得政府扶持的程序复杂吗？

（6）您认为当前机构获得的政策扶持是否有效促进了机构的发展？是否还有不足？

（7）贵机构对资源利用能力如何？是否常有浪费资源现象出现？

（8）贵机构是否重视人才留存与引进？

（9）您看好贵机构未来的发展吗？

（10）您认为贵机构重视创新吗？

（11）您认为贵机构目前的商业模式合理吗？需要进行创新吗？

（12）您认为贵机构还有其他需要改进的地方吗？

……